企業ができる
がん治療と就労の両立支援
実務ガイド

順天堂大学
医学部公衆衛生学講座
准教授
遠藤 源樹 [著]

日本法令

本文イラスト　諏佐七海

はじめに

誰でも、リカバリーショットが打てる社会を目指して

本書のねらい

　本書は、筆者が日本で初めて実施した「がん罹患社員の病休・復職実態追跡調査」（病休・復職コホート研究）に基づき、この調査で得られたデータと産業医学をベースとした復職理論から、「がん時代」に企業に望まれる実務を実践的に解説するものです。

　筆者はこれまで、日本を代表するような大企業から、下町にある印刷工場や小さな小売店まで、さまざまな企業で、専属・嘱託の産業医として勤務してきました。従業員が突然、がんと診断されることもあり、がん罹患社員、管理職、総務人事労務担当者、そして時には上役の方々と、多くのコミュニケーションを交わし、人として多くのことを勉強させていただきながら、「がん治療と就労の両立支援」に深く関わってきました。

　「がん治療と就労の両立支援」には、悩みや苦しみが尽きません。退職すべきか悩み苦しんでいる方、体力のなさから治療と就労の両立が難しく涙を流す方、再発への不安を感じながらも復職できたことに喜びを感じている方、残念ながら復職後に再発して亡くなってしまった方……。これまで多くのがん罹患社員の復職支援に携わる中で、自分自身ができることはないのかと、日々考えてきました。

　がん罹患社員のために、筆者ができること——本書は、筆者がこれまでの経験で培ったノウハウと、筆者の日本初の調査・研究から得られた最新のデータ・理論を提示することで、企業の「がん治療と就労の両立支援」の後押しをすることができればと願って執筆したものです。

「がんになった社員への対応」が問われる時代

　企業側の立場としては、「なぜ企業が、従業員の病気への対応までしなければならないのか」との思いもあるかもしれません。この点、筆者は、企業は今後、「がんになった社員に対して、どう対応するか」が問われるようになると考えています。

　少子高齢化、定年年齢の引上げ、再雇用制度、働く女性の増加、医療の進歩などを背景に、がんを抱えながら働く人が今後増加することが予想されています。

　このことを踏まえ、2016年2月23日、厚生労働省は、「事業場における治療と職業生活の両立支援のためのガイドライン」を公表しました。これは、がんなどの疾病を抱える方々に対して、適切な就業上の措置や治療に対する配慮を行い、治療と職業生活が両立できるようにするための、事業場における取組みなどをまとめたものです。がんなどの治療と就労の両立支援に関する初めてのガイドラインで、これまでにない画期的なものです。

　同年12月9日には、がん患者が安心して暮らすことのできる社会の構築を目指した、がん対策基本法改正案が国会で可決され、「事業主が、がん患者の雇用継続に配慮するよう努めなければならない」ことが定められました（努力義務）。この法律は、今後、「がん治療と就労の両立支援」のベースとなる法律となっていくことでしょう。

　このような国の動きに、企業として、どう対応したらよいのか——本書は、がん対策基本法、厚生労働省の両立支援のガイドラインに対応するための、初めての実務書です。

本書の特徴

　この書籍がオリジナルな点は、3つあります。

　1点目は、筆者が日本で初めて実施した、「がん罹患社員の病休・復職追跡実態調査」（病休・復職コホート研究）による最新のデータに基づいていることです。これまで明らかになっていなかった、「がん罹患社員が復職するまでに要する療養日数」「がんで療養した場合

の復職率」「がん罹患社員の復職後の5年勤務継続率」などについて、実態に基づいた答えを提示しています。これらのデータは、がん罹患社員の就労実態をイメージし、各企業が必要な措置を講じる上で大変重要なものであると考えます。

　2点目は、産業医学をベースとして、がん罹患社員への実務対応のエッセンスが書かれていることです。筆者はこれまで長年、中小企業から大企業まで幅広い規模の企業で、産業医として企業と社員に関わってきました。そのノウハウも活かしながら、企業が、産業医が、そして社会保険労務士等の支援者が、どう対応していけばよいのかを、できる限りわかりやすく書いています。また、がん治療で療養中の当事者の方もサクサク読めるように工夫しました。

　3点目は、体験談や、「がん治療と就労の両立支援」を行うための実例・テンプレートが多数掲載されていることです。特に、がんを経験した方々からお寄せいただいた体験談は、それぞれに深い内容で、これをお読みいただき心の声を聴いていただくことで、皆さんの心に何か、感じるところがきっとあるはずです。

　また、日本クロージャー株式会社代表取締役社長 中嶋寿様のご厚意により、同社看護師の平山奈津子様が社内の健康だよりで連載中のエッセイ「こころも元気に」をご寄稿いただきました。いずれのエッセイも、読めば元気が出てくるものばかりです。ご寄稿に、この場を借りまして、厚く御礼申し上げます。

これからの社会への期待

　「がん治療と就労の両立支援」の取組みは、現在の社会において急務であるにもかかわらず、まだまだ厳しい状況にあるというのが実態です。より多くのがん罹患社員が職場復帰して就労を継続できる社会となるためには、日本中の企業が変わることが必要です。こうしている間も、がんと診断されて絶望に打ちひしがれている人、抗がん剤治療の副作用に苦しんでいる人、生活のために自分に鞭打って何とか働いている人……がんで苦しんでいる方が数十万人以上います。がんに罹患した方々の就労支援のために、筆者もできる限りのことを精いっ

ぱい行っていきたいと思いますし、企業の皆さんにも、その後押しを
お願いしたいと思います。

　本書が、そのためのお役に立てれば幸いです。

　より多くのがん罹患社員が、治療と就労を両立できる社会を目指し
て、皆さんとともに知恵を出し合い、「誰でも、リカバリーショット
が打てる社会」を作っていきたい──

　誰しも、ある日突然、がんと診断される可能性はあるのですから。

　　　がんと闘う父と、
　　　がんと闘いながらも働きたいと願うすべての人のために

　　　順天堂大学 医学部公衆衛生学講座　准教授　　遠藤 源樹

Contents

第1章
就労世代の「がん」患者が増えている
WORK AND CANCER SURVIVORS —— 11

- 12 「がんになった社員」への対応が問われる時代
- 14 社会背景①　シニアの就労割合の増加
- 16 社会背景②　女性の就労割合の増加
- 18 社会背景③　就労世代の女性のがんの増加
- 20 社会背景④　医療の進歩
- 22 がん患者の復職支援の重要性
- 24 厚生労働省ガイドライン

第2章
実態調査から見えてきた「未来のかたち」
FIRST COHORT STUDY FOR WORKING CANCER SURVIVORS —— 33

- 34 日本初「がん罹患社員病休・復職実態追跡調査」
  （病休・復職コホート研究）
- 42 社員に定年まで働き続けてもらうために必要なこと
- 48 1週間程度で復職できる場合もある
- 50 がんの種類別の「病休」取得者数
- 52 病休開始日から勤務復帰までの必要日数
- 54 病休開始後1年経過時点での転帰
- 56 時短勤務が望ましいがん
- 58 がんの種類と復職率
- 60 がんの種類別のフルタイム復職率

62	がんの種類別の短時間勤務での復職率
68	「復職」か「退職」かの選択
70	「復職」「退職」を選択する際の因子
72	因子① 治療状況
74	因子② がん関連症状
76	「体力低下」が復職・就労継続を妨げる
78	因子③ 経済的な事情等
80	因子④ 企業の復職支援制度
94	復職支援制度があれば半数は治療と就労を両立できる
96	重要なのは「復職後の2年間」
98	男性がん罹患社員の5年勤務継続率は48.5%
100	胃がん、前立腺がんの平均勤務年数は10年以上
102	女性がん罹患社員の5年勤務継続率は60.4%
104	乳がん、子宮がん等の平均勤務年数は10年以上

第3章 ——————————————— 115
企業における「がん罹患社員」対応実務
HOW TO SUPPORT FOR WORKING CANCER SURVIVORS

【がん罹患社員ゼロ期】
| 116 | がん治療と就労の両立支援の要は「産業医」 |
| 124 | 会社と産業医の連携の重要性 |

【療養開始期・療養期】
136	ある日突然「がん」と診断された社員の心境
138	がん罹患社員との情報共有とアプローチ
140	療養中の「ボール」は主治医が持っている

142 療養中の社員のデータ管理
144 健康情報の漏えい等の防止

【復職期】

152 復職するための4つの要素
154 職場は「病院」や「リハビリ施設」ではない
156 会社が復職時に留意すべきこと
158 復職面談の設定
162 復職面談の実施
164 復職判定のポイント
166 復職判定チェックリスト(1)
168 復職判定チェックリスト(2)
170 復職判定チェックリスト(3)
172 会社で行うリハビリ勤務の是非
174 復職判定

【復職後】

188 会社が復職後に留意すべきこと
190 デスクワーク・事務職であれば働ける
192 管理職に求められる対応
194 『事例性』と『疾病性』
198 管理職・総務人事労務・医療職の三者の連携
200 両立支援のための産業医等の役割
202 がん罹患社員以外の社員に対する対応

【種類別就労上のポイント】

206 乳がん
210 胃がん
214 大腸がん

Contents

第4章
がん治療と就労の両立支援のために
FOR WORKING CANCER SURVIVORS IN JAPAN

— 223

224　がん治療と就労が両立しづらい状況は変わっていない

230　衛生管理者・産業医・社労士・産業看護職の活用が重要

236　法制化と偏見払拭
　　　〜社会的な機運を高めよう！

238　がん治療と就労の両立支援のための施策案
　　　〜「りょうみんマーク」を作ろう！

第5章
これから復職を目指す方々へのメッセージ
MESSAGE FOR CANCER SURVIVORS
WHO TRY TO RETURN TO WORK

— 255

巻末資料
264　がん相談支援センター

290　産業保健総合支援センター

MEMO

第1章

WORK AND CANCER SURVIVORS
就労世代の「がん」患者が増えている

「がんになった社員」への対応が問われる時代

シニアと女性が働かないと成り立たない時代に

総務省「日本の人口推移」によると…（2012年）

（2010年の就労世代）
8,173万人

（2060年の就労世代）
4,418万人

日本の就労世代人口は今後50年で、ほぼ半減!!
女性とシニアが働かないと成り立たない社会に!!

⇒企業として、「がん」になった社員に
　どう対応すべきか、問われる時代になった

乳がんになった女性社員、胃がんになったシニア社員、……どう対応しますか？

POINT

日本の就労世代人口が今後50年でほぼ半減すると見込まれる現在、シニアと女性が働かないと成り立たない状況になりつつある。人生の中で働く年数が増えるとともに、また医療の進歩とともに、がんや脳卒中、糖尿病などを抱えて働く労働者の割合も増加し、これら労働者への対応が問われる時代となった。

今後、企業は、「がんになった社員に対して、どう対応するか」が問われるようになると筆者は考えています。

　その理由として、少子高齢化の問題が挙げられます。日本の就労世代の人口は今後50年で半減すると推定されており、シニアや女性が働かないと成り立たない状況にあります。これによるシニアの就労割合の増加（①）、女性の就労割合の増加（②）は、「企業におけるがん対応」の問題に大きな影響を及ぼします。また、医学的な側面として、就労世代の女性のがん（乳がん・子宮頸がん）の罹患率の増加（③）、医療の進歩（④）もあります。

　急速に少子高齢化が進む中、2015年には、シニアと女性を合わせた労働人口が労働者全体の5割を初めて超えました（2015年国勢調査）。がんの罹患率は50歳代くらいから増加することが明らかとなっており、高齢になるほど、その率は高くなります。職場にシニアが増えれば、当然、「社員ががんになる」事例も多くなるのです。その一方で、がんは決して高齢者だけの病気ではなく、実際には、がん患者の約3割は就労世代です。そして、20代から40代では女性のほうががんになりやすいため、働く女性が増えるに従い、「社員ががんになる」という事象も増えていると考えられます。特に、若年で罹患することも多い乳がんは、今や「12人に1人が罹る時代」。いずれ欧米のように、「8人に1人」となるかもしれないという、医学的な背景もあります。

　また、医療の進歩により、がんの5年相対生存率が少しずつ改善され、がんになっても働き続けることのできるレベルの患者さんの数が増えています。特に、内視鏡治療や腹腔鏡治療など、身体への負担がより少ない治療の登場で、がんになっても早期に職場復帰することも可能となってきました。

　これらを背景に、今後「社員ががんになる事例」が増え、それに伴って、「がんになった社員に対して、企業としてどのように対応するか」が強く問われるようになっていくものと想定されます。

13

社会背景① シニアの就労割合の増加

シニアの就労割合は少しずつ増加している

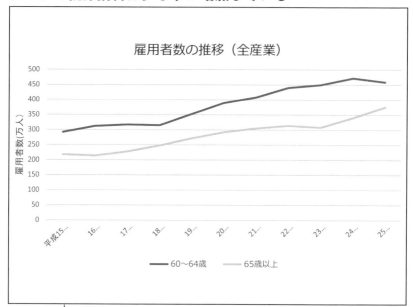

資料：内閣府

POINT

60歳以上のシニアの労働者数は年々増加傾向にあり、平成15年度と比較すると、平成25年度は1.5倍となっている。

　少子高齢化に伴って定年年齢は引き上げられつつあり、働くシニアは確実に増えています。これから年金の受給開始年齢がさらに引き上げられれば、ますます多くのシニアが「働き続けたい」と考えるようになるのは自然なことです。

がんの罹患率は50歳代から増加する

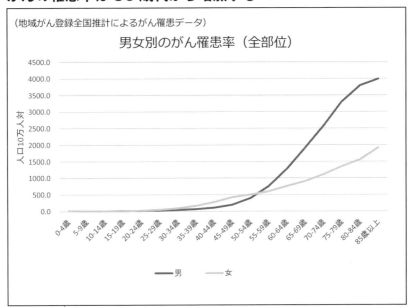

資料：国立がん研究センター がん情報サービス「がん登録・統計」より作成

POINT

男女ともに、50歳代くらいから罹患率が増加することが明らかであり、特に男性は55歳以降、急激にがんに罹りやすくなる。

　性差は認めますが、高齢になるほど、がんに罹患する確率が高くなります。60歳を超えても働き続ける人が増えている現状を踏まえれば、「社員ががんになる確率」が高まるのも当然といえます。がんの予防と早期発見が重要であることはいうまでもありません。

社会背景② 女性の就労割合の増加

女性の就労割合は少しずつ増加している

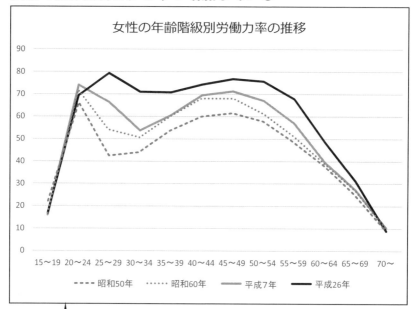

資料：総務省「労働力調査」

POINT

女性の就労割合は、徐々に増えている。妊娠・出産・育児等で就労継続が困難な世代は就労割合が落ち、全体として「M」を形作ることが知られているが、「M」の谷の部分（労働力率が落ち込むところ）の落込みは、少しずつ、改善されている。

2015 年の各種データ（厚生労働省「厚生労働白書」、内閣府「男女共同参画白書」）によると、共働き世帯の数は約 1,100 万世帯超と、専業主婦世帯（約 700 万世帯）を大きく上回っています。女性の就労割合が増加するということは、女性ががんと診断された時に、「労働者」である確率が高くなることを意味します。

　女性の就労割合の増加の理由は、いくつか挙げられます。

　まず、女性労働者の雇用継続を支援する法律等の整備が進んでいることです。かつては「寿退社が一般的」でしたが、「雇用の分野における男女の均等な機会及び待遇の確保等に関する法律」などにより、女性が結婚後も働き続けることがより容易なものとなりました。1990 年代からは家庭と就労の両立のための施策も進み、現在、「少子化対策基本法」「次世代育成支援対策推進法」（いずれも 2003 年 7 月制定）により、全国の自治体および常時雇用する労働者の数が 300 名を超える一般事業主には、育児支援の行動計画の策定が義務づけられています。

　次に、就労環境が変化していることです。もともと女性の労働者の比率が高いサービス業、特に医療・福祉業の雇用が大きく伸びています。また、インターネットの普及で IT 機器を使ったデスクワークが作業の大半を占めるようになり、女性が働きやすい労働環境になってきたことも、女性の就労割合が増加している一因です。

　そして、共働き世帯が増えたことです。現在、共働き世帯は専業主婦世帯の数を大きく上回っています。「夫婦ともに働いて生活を作っていくのは、あたりまえ」の時代となりました。共働き世帯の増加は、夫の収入の減少が一因であると指摘されています。非正規労働者（契約社員・派遣社員）の割合が増加していることが、その最大の原因でしょう。

17

社会背景③　就労世代の女性のがんの増加

乳がんの罹患率は年々増加傾向にある

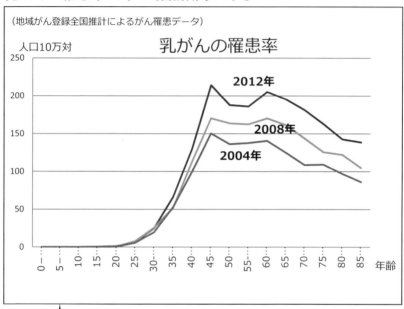

(地域がん登録全国推計によるがん罹患データ)

資料：国立がん研究センター　がん情報サービス「がん登録・統計」より作成

POINT

乳がんの罹患率は年々高くなっており、乳がんによる療養・復職を経験する労働者は、今後ますます増えていくと予想される。

　現代は、「100人程度の女性が働く事業所では、そのうち約8人が一生のどこかで乳がんと診断される時代」です。特に女性労働者が多いとされる医療・福祉業、デパートやスーパーなどの小売業では、「がん治療と就労の両立支援」は、経営上も重要な課題です。

子宮頸がんの好発年齢が下がっている

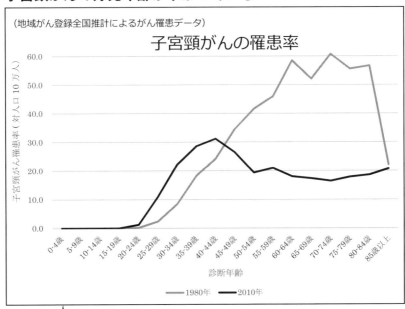

POINT

子宮頸がんの発症年齢が若年化し、20代から40代の女性労働者を中心に、子宮頸がんで療養・復職する場合が少なくない。

　子宮頸がんは、現在、20代・30代の女性で最も死亡率が高いがんです。かつては60代以降のシニアに好発するがんでしたが、若年化により、罹患者の多くが就労世代となっています。

社会背景④　医療の進歩

「がん治療を経ても働ける」患者さんの数が増えている

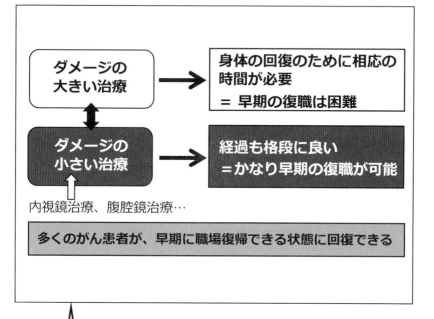

POINT

がん治療の身体への侵襲性の高さが、がん治療後の職場復帰を阻む大きな要因となっていた。しかし、現在では、内視鏡や腹腔鏡による病巣切除術など、開腹手術に比べて身体への負荷も格段に少ない治療法が登場している。年次有給休暇の範囲内などの、かなり早期の復職が可能となってきた。

「がんになっても働き続けられる」患者さんの数は増えています。その大きな理由の１つとして、医療の進歩により、侵襲性の低い治療、つまり内視鏡治療や腹腔鏡治療などの、より身体に負荷がかからない治療が可能になってきたことが挙げられます。

　手術は、全身麻酔や部分麻酔など、患者本人は痛みを感じない状態で行われますが、身体は非常に大きなダメージを受け、その回復のためにはそれ相応の時間が必要となります。傷口の大きい、身体負荷の高い手術を受けると、その後、体力低下や倦怠感（だるさ）を感じることもしばしばあり、これががん罹患社員を最も苦しめる症状の１つとなります。

　しかし、たとえば上部消化管内視鏡（胃カメラ）による胃がんの病巣切除では、開腹手術に比べて身体への負荷も格段に少なく、年次有給休暇の範囲内などの、早期の復職が可能となります。

　現在、多くの診療科で、侵襲性の低い治療法が行われています。特に、内科診療における内視鏡治療の進歩には、目覚ましいものがあります。呼吸器内科医による気管支鏡を使った検査や、循環器内科医によるカテーテル治療、消化器内科医・外科医による内視鏡治療や腹腔鏡治療……内科医にも内視鏡治療の技量が求められる時代であり、内科も外科のようになってきた、と考えるのは筆者だけではないと思います（余談ですが、筆者も研修医時代、内視鏡による胃がん切除術を目のあたりにして衝撃を受けました。筆者は、手先の器用さはないため、手術する医師になることは早々に諦めましたが……）。

　医療の進歩により、より多くのがん患者が職場復帰できる社会になりつつあるのは、日本だけに限らず、アメリカやヨーロッパでもそうです。今後、さらなるがん治療の技術の進歩や新たな抗がん剤の登場などにより、多くの患者が早期に職場復帰できる状態に回復できるようになっていくことは間違いなく、がん患者（海外では、Cancer Survivors：がんサバイバーと呼ばれます）の社会復帰の重要性が、先進国を中心に、広く浸透しつつあります。

がん患者の復職支援の重要性

がん患者の3人に1人は「働く世代」

➢ 定年年齢の引上げ
➢ 再雇用制度
➢ 働く女性の増加（※）
➢ 医療の発展　……

がん患者の
3人に1人は
「働く世代」
（30万人/年以上）

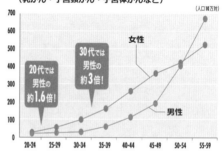

※働く世代では、女性のほうが男性よりがんになりやすい
（乳がん・子宮頸がん・子宮体がんなど）

資料：国立がん研究センター がん情報サービス「がん登録・統計」より作成

POINT

「男性の2人に1人、女性の3人に1人が、一生のどこかでがんと診断される時代」にあって、その約3分の1は就労世代が占める。今後、がんを抱えながら復職を目指す方が増えていくことが予想されることから、がん罹患社員の就労支援は社会的にも必要不可欠なものとして位置づけられている。

今や、「日本人男性の2人に1人、日本人女性の3人に1人が、一生のどこかで、がんと診断される時代」です。がんは、日本人の死亡原因第1位の疾患であり、現代の日本人にとって、最も人生を左右する疾患の1つといっても過言ではありません。

がんは、高齢者の病気としてとらえられがちではありますが、患者の約3割は就労世代です。初めてがんと診断される就労世代は年間30万人以上ともいわれています。このような状況を踏まえれば、がん罹患社員の復職支援は、今後、社会的にも必要不可欠なものです。がん患者、医療機関、企業のみならず、社会全体として対策を講じなければならないことなのです。

そのための種々の取組みが始まっています。2016年2月23日、厚生労働省は、「事業場における治療と職業生活の両立支援のためのガイドライン」を公表しました（このガイドラインについては、次ページも参照してください）。また、同年12月には、がん対策基本法が改正され、「事業者はがんに罹患した労働者の雇用継続に努めなければならない」ことが明記され、がん罹患社員の就労支援が企業の努力義務と定められました。国だけでなく、東京都などの自治体でも、がん罹患社員の就労支援に関する施策が展開され、よりよい「がん治療と就労の両立支援」の実施に向けた取組みがなされています。

厚生労働省ガイドライン

治療と職業生活を両立するための事業場における取組み

POINT

厚生労働省「事業場における治療と職業生活の両立支援のためのガイドライン」（2016年2月23日公表）では、がんなどの疾病を抱える方々に対して、適切な就業上の措置や治療に対する配慮を行い、治療と職業生活が両立できるようにするための事業場における取組みなどがまとめられている。

2016 年 2 月 23 日、厚生労働省は、「事業場における治療と職業生活の両立支援のためのガイドライン」を公表しました。これは、がんなどの疾病を抱える方々に対して、適切な就業上の措置や治療に対する配慮を行い、治療と職業生活が両立できるようにするための、事業場における取組みなどをまとめたものです。メンタルヘルス不調社員の職場復帰については「心の健康問題により休業した労働者の職場復帰支援の手引き」がすでに公表されていましたが、がんなどの治療と就労の両立支援に関しては初めてのガイドラインで、これまでにない画期的なものです。

　このガイドラインでは、職場における意識啓発のための研修や、治療と職業生活を両立しやすい休暇制度・勤務制度の導入等の環境整備、治療と職業生活の両立支援の進め方に加え、特に「がん」について留意すべき事項がまとめられています。厚生労働省のホームページでダウンロードできますので、入手して一読されることをお勧めします。

URL
http://www.mhlw.go.jp/stf/houdou/0000113365.html

　具体的な治療と職業生活の両立支援の進め方としては、①労働者が事業者に支援を求める申出（主治医による配慮事項などに関する意見書の提出）、②事業者が必要な措置や配慮について産業医などから意見を聴取、③事業者が就業上の措置などを決定・実施（「両立支援プラン」の作成が望ましい）──などが記載されています。

がんと
ともに
はたらく

体験談 **1**

企業が、がんになった
社員のためにできること

サッポロビール株式会社　村本 高史

　2011年夏、46歳の時に喉元の食道がんが再発しました。

　2年前の初発時に放射線治療を限界まで行っており、選択肢は手術だけでした。患部は声帯の真裏にあり、同時に声帯も切除しなければなりません。覚悟はしていたので、ショックよりも「来るものが来ちゃったなあ」というのが率直な気持ちでした。

　年明けから仕事に復帰する際、一番の問題は声が出ないことでした。「すれ違っても挨拶の言葉も出ないなら、お互いに気まずい思いもするだろう」と考え、開き直って、幅広くお世話になった方々に自分の現状を予めメールで報告しました。「人間は自分が気づいている以上の可能性を持っていて、私もその一人であると信じている」。決意も込めたメールに多くの激励の返信を頂き、心の支えになりました。復帰初日、以前と変わらず迎えてくれた仲間たちの姿も忘れられません。

　勤務先のサッポロビールは、非常に温かい風土の会社です。私自身、当時は人事総務部長の職位にあり、社内制度をよく知ると共に自分の裁量が大きかったことも、大変恵まれていました。

　復帰後、仕事を抜けて食道発声の教室に通学しながら自分でも練習を重ね、会話もできるようになりました。話し方の不便等はあり

ますが、生きている素晴らしさも感じています。

　現在、社内で終業後に闘病経験や「人生の目的と使命」等を語る会をほぼ毎月開催しています。「自分の経験は健康な人にも何かの参考になるのではないか、日々を過ごす上での勇気や希望を少しでも提供できないか」と考え、これまで200名以上に自らの声で話をしてきました。

　企業には、所属や職位に応じた各人の役割があります。一方で、所属や職位に関係なく、各人の中から生まれる使命感もあるはずです。がんを経験した社員は、命には限りあると痛感し、人の役に立ちたい意識も人一倍、持ち合わせています。そして、がんを経験した社員を支え、その使命感を後押しする土台は、制度的支援もさることながら、日頃からの率直な対話であり、ひいてはそれが企業のダイバーシティにもつながると信じています。

がんと
ともに
はたらく

体験談**2**

38歳のある日突然、
白血病と診断されて

小林 真

　私ががん（白血病）を告知されたのは、世間一般では働き盛りと言われる38歳の時でした。私自身他にも幾つか持病を抱えていた事もあり、仕事を辞めて少し休んだ方が良いのではと考えました。しかし、実際に仕事を辞めた後を冷静にイメージした時、仕事を辞めるという事が凄く怖くなりました。「治療費はどうするのか」「治療が終わった場合に、他の仕事は見つかるのか」「今の自分の生活レベルはどうなってしまうのか」。いろんな不安が頭をよぎる一方で、辞めた後の未来を見出す事ができませんでした。

　その結果「働き続けるしかない。働きたい」と思うようになり、自分なりにどうすればこれまでと変わらず働き続けられるのかを考えました。その時の結論として、白血病の治療をしながら働き続けるという事に対する会社側の不安・心配を取り除く事が必要だと思いました。

　会社には罹患前と同様に働き続けたい希望を伝え、その為の課題や自分なりの対策も併せて伝えました。例えば、通院・治療で週1回半休を取らなければならない事が分かっていましたので、毎朝早めに出勤し、仕事の質・量ともに落とさないよう時間を確保しました。それは満員電車という治療中の難題を回避することにも役立ち

ました。体力的に問題ない事を証明する為に、マラソンを始めました。それでも会社に迷惑がかかりそうな時は配慮をお願いしました。通院と大事な会議が重なった場合などは、代わりの方をアサインしてもらうなどです。

　私と会社で仕事と治療に対する方向性を一致させ、その中で私や会社が持つ課題に対して可能な対策を打ち込み、それでも無理な場合は特別な配慮をお願いする形で、治療と仕事の両立ができています。患者ひとりひとりで方向性や課題は異なります。会社側としても「がん患者」と一括りで見るのではなく、ひとりひとりに向き合い、それにより誰もが自分らしく働く事ができるようになることを願います。

こころも元気に

〜産業看護職より

仲間でいる幸せ

平山奈津子
（平成 27 年 5 月）

『幸せ』を感じることは人生の目標です。
そのためには、心が健康であることがとっても大切です。
どんな時に、心が健康でいられるのでしょうか？

まず、ありのままの自分を好きになること。
他人を信頼できること。
自分が人の役に立てると思えること。
この 3 つの力がポイントです。

この 3 つの力は、私達に居場所があるときに感じることができます。

それは、会社の中でもおなじです。
仲間と協力して、仕事をすること。
困ったときには、助け合えること。
休憩時間には、他愛ない話題に一緒に笑えることも
とっても素敵ですね！

時には　考えが違って、ぶつかることもあるかもしれません。
それでも、私達は『仲間でいる』という方向性を
忘れないでいたいのです。
みんなが幸せを感じられるように。

一人一人がなくてはならない存在だから
一緒に働く仲間がやってくれていることに「光」をあてて
どんな小さな貢献でも見逃さない私達でいよう。

「ありがとう」の言葉は、何よりも私達のパワーになってくれます。

　　　天気の良い日は、一緒に太陽の光を浴びませんか？

　　　そんな仲間でいられることが、幸せです。

MEMO

第2章

FIRST COHORT STUDY FOR WORKING CANCER SURVIVORS
実態調査から見えてきた「未来のかたち」

日本初「がん罹患社員病休・復職実態追跡調査」
（病休・復職コホート研究）

調査・研究結果が示すもの

　すでに述べてきたとおり、がん罹患社員の復職支援は、個人や企業、社会にとって、ますます重要なものとして認識されていくことが予想されます。

　ここで留意すべきことは、がん罹患社員の復職時の状態は、「完全にがん治療から回復した」のではなく、「個々の職務遂行能力が、復職できるレベルに回復したにすぎない」ということです。復職とは、一般的に極めて複雑な状況であることが多く、また、その復職後の勤務等に対する支援状況が、復職の成否を大きく左右します。実際に、企業が短時間勤務制度や産業保健サービス（産業医など）の利用により復職支援を図ることができれば、がん罹患社員の復職後の QOL（生活の質）の向上などに大きく寄与することになるでしょう。

　しかしながら、企業側からは、

　「社員ががんで仕事を休むことになったが、前例がなく、どうしたらよいのかわからない」

　「がんになった社員がきちんと復帰できるのか、できるにしても復帰までどれくらいかかるのかもわからないのに、席を空けておくような余裕はない」

　「治療しても、もとのようには働けないんじゃないの？」

　──そんなネガティブな声も聞こえてきます。

　これは、がんの治療後に復職できる確率はどれくらいなのか、また、どのくらい休めば復職できるのかといったデータがないために、今後の見通しを立てることができないことから生ずるものではないでしょうか。人は、データがなければ、将来を予測することが難しく、ましてや将来の設計を立てることなどできないものですし、「がん」という言葉の持つ "怖い" イメージが、がん罹患社員に対する偏見を生む

理由となっているところもあります。

　このようなことを踏まえ、筆者が今回日本で初めて実施した「がん罹患社員の病休・復職実態追跡調査」（病休・復職コホート研究）では、短時間勤務での累積復職率とフルタイム勤務での累積復職率、さらに、がんによる休務開始日から365日までの転帰を、がんの種類別に集計・分析することで、復職支援のエビデンスを集めようとしました。また、復職後に継続して働くことができるのか、復職日から5年間の就労状況についても調査しました。これらの分析結果からは、がん罹患社員の復職支援制度の設計と、がん罹患社員の復職をめぐっての諸問題を解決するための多くのヒントが得られます。具体的には、ある社員が「がん」と診断されて療養を余儀なくされた場合に、「復職できる状態まで回復できるのか？」「療養日数のおおよその目安は？」「復職できたとして、その後もきちんと勤務し続けることができるのか？」——そんな見通しを、ある程度教えてくれています。

調査・研究を始めた背景

　特にオランダやアメリカ、北欧国（デンマークなど）では、「がん治療と就労の両立支援」に関する研究が幅広く行われています。がんの種類別の療養日数や復職率、がん治療に伴うさまざまな症状と就労との関係について、数年以上の時間をかけて追いかけたデータを集積した研究（これを「コホート研究」「縦断研究」と呼びます）が行われてきたのです。このような研究により、欧米では、対象集団により顕著な相違が見られるものの、64の研究のシステマティック・レビュー（さまざまな研究結果を疫学的に取りまとめた結果）によると、がん患者の復職率は約63.5％であることもわかっています。

　がんには、「5年相対生存率」という統計指標があります。この率

> 欧米(オランダ、米国、北欧) :
> さまざまな復職コホート研究
> さまざまなCancer survivorship研究
>
> ⇧
>
> 日本 :
> アンケート（Web）調査・インタビュー調査のみ
>
> ⇒ 復職率、退職率、5年勤務継続率を算出するためには、
> 時間経過を踏まえたコホート研究が必須 cf:5年相対生存率
>
> **今回の日本初「病休・復職コホート研究」**

を計算するときには、時間経過を踏まえて数値を算出する必要があります。たとえば、胃がんのステージ3の5年相対生存率は、「胃がんのステージ3」と診断されてから5年後まで、「生存」「死亡」「途中でフォローアップできなくなった（転出等でその後の経過がわからない等）」などの転帰をまとめて初めて、算出することができます。

「がん治療と就労の両立支援」に関しても、同じことがいえます。がんになった社員の復職率、退職率、平均療養日数、そして復職後の勤務継続率、……これらを算出するためには、長い時間経過を含んだデータが必要なのです（これを「生存時間解析」といいます）。

ところが、日本では、がん患者や企業に対するアンケート調査やインタビュー調査といった横断研究ばかりで、時間の経過を追いかけた大規模なコホート研究はありませんでした。また、がん患者の復職支援に関して、職業関連因子についても注目した海外の研究は数多く存在しますが、日本にはそのような研究はなく、がん罹患社員の就労実態（正確な「復職率」「退職率」など）は不明であるにもかかわらず、一部の専門家の意見のみで語られる状況がありました。

そこで、がんの種類別の病休・復職等に関する職域ベースの大規模な研究を日本で初めて行い、その実態を示すことで、がん治療と就労の両立支援における課題を明らかにしたのが、筆者の今回の病休・復職コホート研究なのです。

> 遠藤源樹のひとりごと
>
> ## 海外の「治療と就労の両立支援」の専門家とともに
>
> 「がん治療と就労の両立支援」は、日本だけではなく、先進国共通の課題です。
>
> 2016年9月、筆者は日本からただ1人、治療と就労の両立支援に関する国際会議「WDPI (Work Disability Prevention and Integration) 2016」に参加して講演を行い、世界中の「がん治療と就労の両立支援」の研究に携わる先生方との交流を深めてきました。「がんサバイバー研究」の第一人者であり、自らもがんサバイバーでもある、アメリカのMichael Feuerstein教授。オランダで先駆的ながんサバイバー研究を行っているAngela de Boer博士……欧米の素晴らしい先生方に囲まれながら、現在、さまざまな国際共同研究が始まっています。
>
> ――遅れている日本のがんサバイバーシップ研究を世界レベルに押し上げ、より多くのがん患者さんが治療と就労を両立していくことのできる社会にしなければと、気持ちも新たに、がんとともに働く人たちの「声なき声」をデータにして、国や社会に届けていきたいと考えています。
>
>
>
> WDPI会場の様子

調査の方法と対象者

　本調査・研究の対象者は、2000 年 1 月 1 日から 2011 年 12 月 31 日までの 12 年間に、主治医の診断書で「要療養」と記載され、新規に療養することになった、大企業の正社員です。12 年間のフォローアップ期間中に、初めてがんと診断され、病休となった 1,278 名について、その休務開始日から 365 日までの転帰を調査しました。男性が 1,033 名、女性が 245 名と、性差には偏りがありました。

　その転帰はさまざまです。復職でき、その後、勤務を継続できた方。復職できたが、しばらくして再休務となった方。療養に入ってしばらくして離職（退職）した方。療養中に亡くなられた方……。筆者は 1,278 名の患者さんのデータを必死の思いで Excel 上に集めていきましたが、Excel の 1 行 1 行に、がん罹患社員の苦悩と葛藤が詰まっているように思えて、このデータベースと向き合っていた時には胸が張り裂けそうでした。その方々が、がんと診断され病休となった後の、「会社組織で生きていた "歴史"」に思えたからです。

　「大企業の正社員」は、日本で働く労働者の中で、「がん治療と就労の両立支援」を受ける最も恵まれた環境にある人たちといえるでしょう。「そんなデータでは、中小企業や非正規労働者の役には立たないよ」と思う方もいらっしゃるかもしれません。しかしながら、その "理想形" に近い人たちの復職率・退職率などのデータの分析を進める中で、中小企業で働く人、契約社員・派遣社員として働く人の「がん治療と就労の両立支援」のお役に立てる、示唆に富む結果が得られたと思います。

がんの分類

　ひとくちに「がん」といっても、その種類は多岐にわたります。人体は 60 億もの細胞で構成されていますが、そのほぼすべてががん化する可能性を秘めており、その発生箇所によって種類が極めて多いのががんの特徴です。

　今般の調査では、オランダなどの国々における研究でのがんサバイ

バーのがんの種類の分け方に合わせて、がんの種類を分類することにしました。

「胃がん」	：胃がん等
「食道がん」	：食道がん等
「大腸がん」	：小腸がん・結腸がん・直腸がん等
「肺がん」	：肺がん等
「肝胆膵がん」	：肝臓がん・胆管がん・胆嚢がん・膵臓がん
「乳がん」	：乳がん等
「女性生殖器がん」	：子宮頸がん・子宮体がん・卵巣がん等
「男性生殖器がん」	：前立腺がん・精巣がん等
「尿路系腫瘍」	：腎細胞がん・尿管がん・膀胱がん等
「血液系腫瘍」	：白血病・悪性リンパ腫・多発性骨髄腫等
「その他」	：脳腫瘍・甲状腺がん・舌がん・咽頭がん・喉頭がん・骨肉腫等

　対象者 1,278 名中、最多だったのは、胃がんの 282 名です。

　以降は順に、肺がん（162 名）、大腸がん（146 名。内訳は、小腸がん 7 名、結腸がん 70 名、直腸がん等 69 名）、肝胆膵がん（98 名。内訳は、肝細胞がん 38 名、胆管がん 9 名、胆嚢がん 4 名、膵臓がん 47 名）、乳がん（97 名。なお、全員女性）、血液系腫瘍（95 名。内訳は、白血病 32 名、悪性リンパ腫 46 名、多発性骨髄腫 8 名、他の関連のがん 9 名）、男性生殖器がん（78 名。内訳は、前立腺がん 63 名、精巣・陰茎がん 15 名）、食道がん（67 名）、女性生殖器がん（67 名。内訳は、子宮がん 47 名、卵巣がん 20 名）、尿路系腫瘍（53 名。内訳は、腎細胞がん・尿管がん 30 名、膀胱がん 23 名）でした。

　「その他」のがんとしては、脳腫瘍 20 名、口腔がん 20 名、咽頭・喉頭がん 27 名、甲状腺がん 19 名。そのほか、骨肉腫や副腎がんなど、47 名の方がいらっしゃいました。

＊

以下では、1,278名の方々の人生の詰まった、「がんと就労」の大変貴重な「記録」をもとに、これらのデータが示唆するところから、

> **遠藤源樹のひとりごと**

誰でも、リカバリーショットが打てる社会を目指して

　筆者はゴルフが好きなのですが、ゴルフ場ではいつも、ボールは右に曲がり、林に入ってしまいます。そんなときは、ボールを打つことができる「フェアウェイ」にボールを戻すための、「リカバリーショット」を打つことになります。とはいえ、リカバリーショットを打つのはとても大変——フェアウェイに向けて打ったはずのボールが木に当たってさらに難しい状況になったり、今度は深い草むらに入っていってしまったり……。でも、筆者が林の中で苦戦している間、一緒にラウンドしているゴルファーの方たちは、筆者がフェアウェイまで出てくるのを待っていてくれます。ゴルフが「紳士・淑女のスポーツ」といわれる所以です。

　人は誰でも、がんになって、「働く」第一線から外れる可能性があります。仕事をゴルフに喩えるなら、「OB・バンカー≒がん」になってしまった人たちの「リカバリーショット」は「復職」であり、コースを外れてしまった人が「フェアウェイ≒職場」に戻るまで、みんなで待ってあげたいもの。ゴルフでも紳士・淑女。そして職場でも紳士・淑女——誰でも、リカバリーショットが打てる社会になってほしいと思います。

OBしたりバンカーにはまったり…
コースを外れる可能性は誰にでもある。

誰でもリカバリーショットを打てる
社会でありたい。

「社員ががんに罹患した場合の企業の実務対応」について、具体的にお示ししていきたいと思います。

　しかし、現実はどうでしょうか？
　特に中小企業においては、がんの治療を受けていることを会社に申告していないケースも多々あるように見受けられます。人的・経済的・時間的余裕が少ない中小企業では、「がんではとても今までのようには働けないだろう、申し訳ないけど余裕もないし、辞めてもらいたいな」との"空気"があり、この"空気"を読んでいる方は少なくありません。中小企業の労働者でも、非正規雇用の労働者でも、「誰でも、リカバリーショットが打てる社会」──それが、筆者が夢見る社会のかたちです。

社員に定年まで働き続けてもらうために必要なこと

「メンタルヘルス維持」と「がん予防」が最重要事項

新規病休者数のランキングを見ると…

第1位	**メンタルヘルス不調**（約2人に1人が勤労世代）

第2位　がん（約3人に1人が勤労世代）
新規病休者数1,278名　　中小企業ほど対応経験が少ないと推定される
　　約660人の組織：毎年1人、がんによる病休
　　約66人の組織　：10年に1人、がんによる病休

第3位	脳卒中

⇒ 仕事を休むことなく定年まで働いていくためには、
　メンタルヘルス維持とがん予防が最も重要！

POINT

新規病休者数から、仕事を休まず、定年退職まで働き続けるためには、「メンタルヘルスの維持」と「がん予防」が最も大切であるといえる。20～40代はメンタルヘルスを大事にしながら働き、40～60代ではがんや脳卒中にならないように生活習慣を整えていく。これが、「定年退職まで勤め上げるための必要条件」である。

がん・脳卒中・心筋梗塞——これらは「三大疾病」とされています
が、この中でダントツに"働けなくなる"病気が、「がん」です。こ
のがんという疾病は、実は、新規病休者数の第2位に位置することが、
筆者の調査でわかりました。このデータから、労働者に働き続けても
らうためには、がんの予防が重要であるといえます。

　がんの新規病休発生率は、年に1,000人中約1.5人。666人の会社
であれば毎年1人、66人の会社であれば10年に1人の割合で、社員
ががんに罹患し、長期に職場を離れるということになります。会社の
規模が小さいほど、がん罹患社員への対応経験が少なく、対応に苦慮
していると推定されます。

遠藤源樹のひとりごと

働く世代のがん

　メンタルヘルス不調であれば「どうも課長とあまりうまくやれてい
ないようだ」「過重労働気味で、最近顔色が悪い感じがする」、脳卒
中・心筋梗塞であれば「毎日あれだけ飲んでいたら、そりゃ病気にも
なるよ」「健康診断で医者に診てもらうように言われていたのに……」
「もう少し痩せていればよかったのに」など……ある程度、思い当た
るフシがあることが多いものです。

　ところが、がんは、今まで健康で、健康診断で異常を指摘されたこ
ともなかったような社員が、突然そう診断されることも多い病気です。
がんになりやすい因子（リスクファクター）がさまざまな疫学研究で
指摘されてはいますが、筆者は、働く世代のがんは、感覚的には「交
通事故に遭う」に近いのではないかと考えています。

　もし、ある日突然がんと診断されたら、あなたの仕事はどうなるで
しょうか……？

がんと ともに はたらく

体験談 3

がんになっても、
私が私であるための
新たな一歩

匿名希望

　2016年夏、会社の健康診断で要精密検査となり、担当医師から、初期の子宮頸がんと、食道にも腫瘍があることを知らされました。突然、「がん」と告知されて、頭の中は真っ白になり、ただ不安な日々の連続でした。不安は「家族」「生活費」「治療費」「今後の生活」「仕事」……と頭の中を駆け巡りましたが、病院の方々や職場のスタッフ、家族のサポートのおかげで、徐々に心の安定を取り戻し、入院手続きや、仕事の引継ぎ等をスムーズに行うことができました。

　入院中は多くの方に助けられ、生活面・仕事面ともに不安なく闘病生活を送ることができましたこと、本当にありがたく思っております。

　手術は無事終了し、病理検査の結果も問題なく、主治医と定期検査を受けていくことを約束しました。

　しばらく休職した後、職場の理解もあり、時短で復職させていただきました。私は母子家庭の母なので、「働かない」という選択肢はあり得ず、すぐに以前のようにフルタイムでの復職ができる、しなければと思っていました。

　幸いなことに体調の回復は予想していたより順調で、早めに職

場に戻ることができましたが、「自分がいなくても職場はなんとかなっている」ということに気が付き、今後の病状次第では職場内での居場所がなくなるのではないか……という不安や焦りが離れadnなり、私だけが取り残されているような感覚になりました。

　そうした時に、キャリア・カウンセリングを受ける機会に恵まれました。

　担当していただいたキャリア・コンサルタントの方とお話をしたことで、混乱しかけていた自分を受け入れ、客観的にみることができ、不安が徐々に解消され、冷静になることができました。

　今後も、私の「仕事と心と体のこと」についてキャリア・コンサルタントの方にアドバイスをいただきながら、将来のことを考えていきたいと思います。

　このようなカウンセリングの時間を持たせていただくことで、新たな一歩を踏み出す良い機会になったと考えております。

45

こころも元気に
～産業看護職より

ありがたいこと

平山奈津子
（平成 27 年 6 月）

みなさん、『あたりまえ』の反対の言葉は何だとおもいますか？
いろいろ思いつかれることがあると思いますが　正解は『ありがとう』だそうです。

あたりまえじゃないことは、みんな有難いことなんですね。

私達は、何歳になっても誰かに助けられているのだなと実感します。

私の母は 79 歳で体が悪く、今年 1 月から施設に入りました。
母は「施設に入って安心だから　お母さんのことは、心配しなくてもいいよ」と話します。
娘はもう大人になっているのに、自分のことを心配させないよう気遣い私のことをいつも心配してくれます。
母は「もう何もしてあげることはできなくなった」と言いますが
何もしてあげてないのは私のほうです。
母が生きていてくれるだけでありがたいとつくづく思います。

小さな赤ちゃんも、保育所に入ってお母さんが働くことを助けてくれますね。
小さな体で応援してくれています。
仕事から帰ったときに、「おかえり」と言ってくれる人がいることも
「おかえり」は言えないけど、帰りをまってくれるペットの存在も
私達に幸せを与えてくれます。

生きていてくれる　ただそれだけで価値がある。

何かをして誰かの力になれるのも素敵なことですが
何かをしてもしなくても
あなたの存在は誰かを助けています。
私達はありのままを愛することができ
ありのまま愛される存在なのですね……

忘れてしまいがちですが。

1 週間程度で復職できる場合もある

がんの種類・ステージに応じた今後の見通し

```
┌─────────────────────────────────────────────┐
│         治療方針の決定                         │
│      （がんの種類、ステージ、……）              │
└─────────────────────────────────────────────┘
       ↓                          ↓
┌──────────────────┐  ┌──────────────────────┐
│Aパターン（年休等で │  │Bパターン（年休等では │
│対応可能）          │  │足りない）            │
│ 内視鏡的切除術など、│  │ 手術、抗がん剤治療、  │
│全身への負荷が少ない│  │放射線治療など、      │
│治療で済む場合      │  │全身への負荷が大きい  │
│                   │  │治療が必要な場合      │
└──────────────────┘  └──────────────────────┘
       ↓                          ↓
┌──────────────────┐  ┌──────────────────────┐
│ 年次有給休暇等を利用│  │ 治療後の復職率、療養  │
│して、数日から数週間│  │日数の中央値などの    │
│の休務の後、        │  │対応を検討するための  │
│復職できる可能性が  │  │データがなく、        │
│高い               │  │今後の見通しを立てづらい…│
└──────────────────┘  └──────────────────────┘

         今回のコホート研究は、対応困難な
         Bパターンの復職率、療養日数に関するもの
```

POINT

治療に年次有給休暇等で対応できるパターン（図のAパターン）

の場合、職場復帰できる人がかなり増えてきた。手術、長期の抗

がん剤治療、放射線治療等が必要な場合（図のBパターンの場合）

は、年次有給休暇では足りないほどの長期間の療養が必要となる

ことが多く、離職に至る確率が高いものと考えられる。

がんと診断されると、その種類・ステージなどを考慮しながら、患者と主治医が話し合って、治療方針を決めていきます。治療方針が決まると、仕事を休む期間を、ある程度、推測することが可能となります。

　全身への負荷が少ない治療で済む場合には、年次有給休暇の範囲内で対応が可能です（図中のＡパターン）。たとえば、早期の胃がんは、内視鏡治療により、数日から数週間で職場復帰が可能です。

　しかし、同じ胃がんでも、病状が進行していると、開腹手術や長期の抗がん剤治療、放射線治療等が必要となってきます（図中のＢパターン）。この場合は、年次有給休暇以上の療養が必要となることも多く、具体的な治療期間（必要となる病休日数）や、治療後に復職できる可能性等の見通しがつかない状況です。会社側も社員側も「今後どうなるかわからない」から、結果として、離職に至ることも少なくないのです。

　このＢパターンにおける「職場復帰までにかかる平均的な日数」や「復職率」といった情報は、企業が対応を検討する上での１つのデータ（「この社員は、復職できそうか？　退職する可能性が高いのか？」「それを踏まえれば、代わりの人材を入れるべきなのか？　それとも、復職まで現在のスタッフで何とか組織を回していくべきなのか？」）になります（がん罹患社員や家族の方にとっても、「復職することはできるのか？」「どのくらい仕事を休むことになりそうなのか？」ということは、今後の生活設計・人生設計を考える上で、とても重要な情報です）。

49

がんの種類別の「病休」取得者数

男性は胃・肺・大腸、女性は女性特有のがんでの病休が多い

がんの種類	全体 （人数）	男性 （人数）	女性 （人数）	病休開始日の 平均年齢
胃がん	282	262	20	52.9
食道がん	67	64	3	54.7
大腸がん	146	140	6	51.9
肺がん	162	143	19	54.1
肝胆膵がん	98	91	7	54.4
乳がん	97	0	97	48.1
女性生殖器がん	67	0	67	46.4
男性生殖器がん	78	78	0	53.0
尿路系腫瘍	53	52	1	53.2
血液系腫瘍	95	86	9	49.0
他のがん	133	117	16	50.7
全体	**1278**	**1033**	**245**	**51.9**

POINT

罹患するがんの種類には、性差が認められる。特に女性の場合、若年期に乳がん・子宮がんを罹患して病休に至るのが多数を占めるため、その予防と早期発見が非常に大切である。

今般の調査・研究において、男性（1,033名）で特に病休取得者数が多かったのは、胃がん（262名）、肺がん（143名）、大腸がん（140名）——の3つのがんです。胃がんや大腸がんは、ポリープで見つかり内視鏡治療が行われやすいがんであり、病休は取らずに年次有給休暇の範囲内で休んで治療を受けている方も多いと思いますが、それでも、病休者数はこれだけ多いのです（ちなみに、欧米のがんサバイバー研究と比較すると、特に胃がん罹患者が多いのが日本人の特徴です）。

　一方、女性（245名）で多いのは、乳がん（97名）、子宮がん・卵巣がんなどの女性生殖器のがん（67名）でした。男性に多い胃がん・肺がん・食道がんはあまり多くなく、むしろ女性に特有のがんが多数を占めていることになります。「女性ががんで仕事を休まないようにするためには、乳がんと子宮がん予防に尽きる」かもしれません。

　病休開始となった平均年齢を見ると、全体の平均は51.9歳でしたが、乳がんと女性生殖器がんでは40歳代後半です。若年世代はがん検診もおろそかになりがちですが、社員に定年まで働き続けてもらうためには、予防のための意識づけと早期発見の観点から、特に40歳代の女性社員の検診受検が重要であることが読み取れます。

51

病休開始日から勤務復帰までの必要日数

フルタイム勤務まで201日、時短勤務まで80日

がんの種類	時短勤務が できるまで要した 日数の中央値	フルタイム勤務が できるまで要した 日数の中央値
胃がん	62	124
食道がん	123	―
大腸がん	66.5	136.5
肺がん	96.5	―
肝胆膵がん	194	―
乳がん	91	209
女性生殖器がん	83	172
男性生殖器がん	60.5	124.5
尿路系腫瘍	52	127
血液系腫瘍	241	―
他のがん	91	195
全体	80	201

POINT

休職開始から、フルタイムでの復職までには平均201日（約6か月半）、時短勤務での復職までには平均80日（約2か月半）を要する。

がんの治療のために休職（病休・欠勤等）した社員がフルタイムで復職できるまでには、がん全体で平均201日（約6か月半）、時短勤務ができるようになるまでには平均80日（約2か月半）を要しました。

　これは、とても参考になる数字です。

　大企業の場合には病休設定期間も長めですが、中小企業の場合、病休制度そのものがなく、「欠勤」として身分保障があるのが3〜6か月くらい……ということを考えると、「年次有給休暇では対応できない治療が必要ながんで療養した場合、フルタイムで復帰できるまで約6か月半の期間を要する」というのは、がん罹患社員の復帰を考える上ではなかなか厳しい状況だと考えられます。現在の制度下では、「期間満了」で退職に至っているがん罹患社員は少なくないと考えられます。最低でも6か月から1年間の「身分保障期間」を設定することで、がん罹患社員の復職率を上げ、離職を防ぐことができると考えられます。

　データでは、食道がん・肺がん・肝胆膵がん・血液系腫瘍の「フルタイム勤務ができるまで要した日数の中央値」が出ていませんが、これは、病休開始日から1年経っても、50%の人が復職していないことを示しています。つまり、これらのがんは、復職率の低いがんであることが示唆されます（ただ、このデータは、がんのステージや治療内容等の詳細で分析したものではありませんので、これらのがんであっても、早期のものであれば復職率が高めであることも考えられます）。

　企業には、復職が可能かどうかを推定する手段は診断書に記載された病名しかありません。企業の立場であれば、病名とこのデータとを照らし合わせて「療養日数」「復職可能性」を推測して、「代わりの人材を入れるべきか、それとも復職まで現在のスタッフで何とか組織を回していくべきか」を検討するしかありません。

53

病休開始後 1 年経過時点での転帰

1,278 名中、1,031 名が 1 年経過日までに「復職」

がんの種類	退職	死亡	病休継続	復職
胃がん	0	16	3	263
食道がん	9	7	2	47
大腸がん	3	16	4	123
肺がん	7	22	11	122
肝胆膵がん	6	31	7	54
乳がん	2	1	6	87
女性生殖器がん	0	0	5	62
男性生殖器がん	4	1	5	68
尿路系腫瘍	0	7	1	45
血液系腫瘍	1	12	19	62
他のがん	3	19	11	98
全体	**35**	**132**	**74**	**1031**

※転帰不明者がいるため、合計は 1,278 名にならない。

POINT

1,278 名中、退職者は 35 名（約 3%）。適切な復職支援を行うことができれば、がん罹患社員の離職率は 3% まで落とすことができるかもしれない。

左ページの表は、がんで病休となった 1,278 名の労働者が、病休開始日から 1 年経過日までに、「退職」「死亡」「病休継続」「復職」のいずれの転帰をとったかを示しています。

　「がん患者の離職率は約 3 割」との報告がありますが、このデータでは、退職したのは 35 名です。率にすると——なんと 3 ％！　大企業の正社員という“恵まれた”方々のデータとはいえ、逆にいえばこれは、「企業や社会の力で、がん患者の離職率は 3 ％にできる」ことを示唆しているかもしれません。

　退職率が顕著に高かったのは、食道がんです（9 名、退職率 13％）。一方、胃がん、女性生殖器がん、尿路系腫瘍のがん患者で退職した方はいませんでした。

　死亡は 132 名。約 10 ％の方が、病休開始日から 1 年以内に死亡しています。肝胆膵がんに罹患した 98 名のうち、31 名が死亡しており、5 年相対生存率の低さなどの生命予後との関連性が認められました。一方、女性生殖器がんに属するがん患者の死亡数はゼロでした。

　病休が継続していたのは、74 名（約 6 ％）です。病休継続の割合が最も高かったのは、白血病、悪性リンパ腫などの血液系腫瘍のがん患者であり、19 名（20％）でした。胃がんと食道がんは、病休継続の方の割合が最も低い結果となりました（胃がん約 1 ％、食道がん約 3 ％）。

時短勤務が望ましいがん

時短勤務での復職の比率が高いのは胃がん・食道がん

がんの種類	フルタイムで 復職	時短勤務で 復職	時短 / フル勤務の比
胃がん	40	223	5.6
食道がん	5	42	8.4
大腸がん	31	92	3.0
肺がん	31	91	2.9
肝胆膵がん	13	41	3.2
乳がん	15	72	4.8
女性生殖器がん	11	51	4.6
男性生殖器がん	16	52	3.3
尿路系腫瘍	15	30	2.0
血液系腫瘍	14	48	3.4
他のがん	38	60	1.6
全体	229	802	3.5

POINT

がんの種類によっては、時短勤務での復職が望ましい場合もある。

特に、胃がん・食道がんは、復職にあたり、産業医から「時短勤務が望ましい」との意見書が最も多く出された。

左ページの表は、復職面談時の産業医判断による時短勤務での復職者の数とフルタイム勤務での復職者の数の比を示したものです。なお、この表では、「死亡日」「退職日」「フルタイム勤務での復職日」「短時間勤務での復職日」に、データを集計上、打切りとみなしたものとして、提示しています。

　「フルタイムで復職」した方に対して、「時短勤務で復職」した方の数は、約3.5倍です。がんの種類で層別化すると、他のがんでは1.6倍、食道がんでは8.4倍と、その種類によって大きな違いがあります。

がんの種類と復職率

がんの種類で復職率は大きく異なる

がんの種類	病休開始日からの累積復職率	
	60日後	120日後
	フルタイムでの復職（短時間勤務での復職率）	
胃がん	16.7%（48.6%）	47.5%（87.2%）
食道がん	7.5%（19.4%）	19.6%（49.3%）
大腸がん	22.6%（46.6%）	45.9%（70.5%）
肺がん	13.6%（37.0%）	21.0%（58.0%）
肝胆膵がん	14.3%（25.5%）	22.4%（44.9%）
乳がん	11.4%（30.9%）	27.0%（60.8%）
女性生殖器がん	19.4%（40.3%）	34.3%（56.7%）
男性生殖器がん	24.4%（50.0%）	50.0%（75.6%）
尿路系腫瘍	28.3%（52.8%）	47.2%（75.5%）
血液系腫瘍	6.3%（12.6%）	10.6%（27.4%）
全体	16.7%（37.4%）	34.9%（64.1%）

POINT

がんの種類によって、フルタイム復職率には大きな差があり、復職率が高いものと低いもの、二群に分けられる。胃がん・大腸がん・乳がん・女性生殖器がん・男性生殖器がん・尿路系腫瘍はフルタイム復職率が高いが、肺がん・肝胆膵がん・食道がん・血液系腫瘍は、フルタイムで復職できる率が低めである。

病休開始日からの累積復職率	
180 日後	365 日後
フルタイムでの復職（短時間勤務での復職率）	
64.4%（91.5%）	78.8%（93.3%）
25.7%（64.3%）	38.4%（70.7%）
59.6%（78.8%）	73.3%（84.2%）
27.9%（67.9%）	34.3%（75.3%）
34.7%（49.0%）	37.8%（55.1%）
38.5%（71.1%）	76.6%（90.3%）
52.2%（70.1%）	77.6%（92.5%）
65.4%（80.8%）	79.5%（87.2%）
54.7%（79.2%）	66.0%（84.9%）
21.3%（35.9%）	42.9%（65.8%）
47.1%（71.6%）	62.3%（80.9%）

　解析の結果、病休開始日から60日後・120日後・180日後・365日後における累積復職率（全体）は、それぞれ、16.7％・34.9％・47.1％・62.3％でした。

　がんの種類別に見ると、生存時間解析の曲線は、二群に分かれます。

　累積フルタイム復職率が低い群は、肺がん・肝胆膵がん・食道がん・血液系腫瘍です。高い群は、胃がん・大腸がん・乳がん・女性生殖器がん・男性生殖器がん・尿路系腫瘍です。これら二群間には、累積フルタイム復職率にかなりの差を認めました。

がんの種類別のフルタイム復職率

フルタイムでの復職率はがんの種類により二群化している

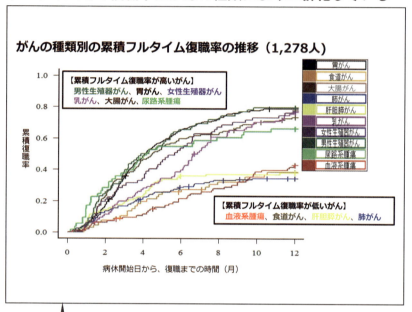

POINT

フルタイム復職率が高めのがんであれば、企業が1年待てば、約7割から8割の社員がフルタイムで復職できることが推定できる。

フルタイム復職率が低いがんであっても、企業が1年待てば、約4割の社員がフルタイムで復職できると推定できる。

復職率は、がんの種類により大きく異なります。すでにお示しして
きたとおり、累積のフルタイム復職率は、がんの種類により顕著な差
が見られ、二群化していました。

　左ページのグラフから、フルタイム復職率が高めの男性生殖器が
ん・胃がん・女性生殖器がん・乳がん・大腸がんなどは、企業が１年
待てば、約７割から８割の社員がフルタイムで復職できると推定でき
ます。一方、食道がん・肺がん・肝胆膵がん・血液系腫瘍はフルタイ
ム復職率が低めですが、これらのがんであっても、企業が１年待てば、
約４割の社員がフルタイムで復職できると推定できます。

　企業の総務人事労務担当者が得られる情報は、せいぜい診断書に記
載された病名くらいですが、その病名とこのグラフを照らし合わせる
ことで、がん罹患社員がどのくらいの確率で復職できるのかを推定す
ることができます。これを参考にしながら、補充の社員を配置するの
か、どのような体制で仕事を回していくのか、関係各所と調整するこ
とができます。

　なお、中小企業においては、疾病の療養にかかる身分保障が３〜６
か月程度のところが少なくありませんが、仮に身分保障期間が療養
開始日から６か月だと、復職率は、乳がんなら38.5％、胃がんなら
64.4％、大腸がんなら59.6％程度にとどまります。復職率を上げるた
めには、やはり、ある程度の身分保障期間は必要であり、「療養開始
日から１年」の身分保障がなされるのが望ましいのではないかと考え
られます。

61

がんの種類別の短時間勤務での復職率

短時間勤務制度があれば、3人中2人以上が復職できる

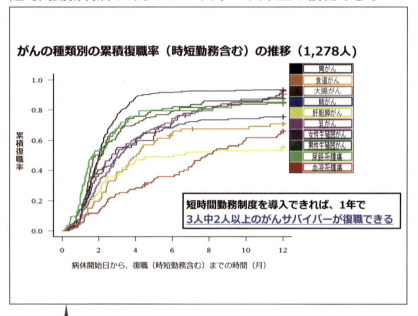

がんの種類別の累積復職率（時短勤務含む）の推移（1,278人）

短時間勤務制度を導入できれば、1年で
3人中2人以上のがんサバイバーが復職できる

POINT

短時間勤務制度を導入できれば、約半数のがん罹患社員が療養開始日から3か月で復職できる。療養開始日から1年後には、3人中2人以上が復職できる。

左ページのグラフからは、短時間勤務での復職を含めれば、療養開始日から約3か月で、半数以上のがん罹患社員が復職していることがわかります（血液系腫瘍は、抗がん剤治療や骨髄移植の影響等で、復職率が低めですが……）。短時間勤務制度を導入することができれば、3か月で、2人に1人のがん罹患社員が復職することができることが推定されます。1年後には、3人中2人以上が復職できます。

　特に中小企業では、「短時間勤務での復職を認める」というのは、まだまだ一般的ではありません（筆者は現在、中小企業の短時間勤務制度の有無について調査をしていますが、制度があるという企業は、10％未満です）。筆者自身、産業医を務める中小企業において、正社員として勤務していた50代の男性社員が胃がんと診断され、胃の全摘術を受けた後に復職しようとした際の復職面談で、厳しい現実を目のあたりにしたことがあります。面談時は、抗がん剤を内服していたものの復職したい気持ちも十分で、家も会社から近く、仕事もさほどきつくない作業で受け入れることになっていましたが、体重が術前より10キロ落ちており、体力的にフルタイム勤務は難しい状態でした。産業医として、短時間勤務なら復職可能だが認めてもらえないかと会社側に伝えたのですが、会社からは、「当社ではフルタイム勤務での復職が原則ですから、短時間勤務での復職を認めるのは難しいのが現状です。しかしながら、身分を正社員から契約社員に変更して復職するということであれば、短時間勤務で復職させることは可能です」との回答でした。この社員は、結局、生活のことも考え、復職できないよりはと、契約社員として短時間勤務で復職しました。

　しかし、左ページのデータが示しているとおり、短時間勤務制度を企業が導入することができれば、約半数のがん罹患社員が、療養開始日から3か月程度で復職できるはずです。「フルタイム勤務」という高い壁を作るのではなく、「復職後1年間は短時間勤務を認める」などといった制度を導入することこそが、がん罹患社員の復職率を押し上げることになるでしょう。

がんとともにはたらく

体験談 **4**

子宮頸がんになって
学んだこと

匿名希望

　病院も薬も苦手。大病どころかめったに風邪もひかない。健康が取り柄で、会社でバリバリ働いていました。

　そんな私が、42歳の2月、会社の健康診断で卵巣嚢腫を指摘されました。実際には、数年前から「右の卵巣が腫れている」「要経過観察」という健診結果を、特段、自覚症状も無いので言葉そのままに、毎年の健康診断で「観察」していました。ある日、健康診断の現場に来ていた医師S氏に「明日、診察に来なさい！」と強く言われたので、渋々出かけたところ、「がん化する可能性もあるから、すぐに手術するように」と脅かされたので、開腹手術を受けることになりました。病理検査はシロ（良性）だったので、退院後、無事、元の生活に戻ることができました。

　ところが、数年後の健康診断で受けた子宮がん検診で「要再検査」が出たのです。この時には、そのまま放置しないで、S氏に相談し精密検査を受けることになりました。その結果、医師から言われた言葉は「子宮頸がんです」。

　「あれ？ もしかして私の人生終了？」

　そんなことが、私の脳裏に浮かびました。

　幸い、私のがんは、早期のものであったため、夏休み期間中に手

術を受けてすぐに復職することができました。ちょうど、30歳の時に加入したがん保険を止めるのを忘れて自動更新の状態だったので、一時金と入院手術給付金を受け取ることができ、経済面でとても助かりました。がん保険は、とても大切です（この保険は現在も継続中です）。

　復職してからも、定期的に医師の診察を受けています。

　現在は、子宮頸がんの手術から約3年が経過しましたが、転移や再発の不安が無いわけではありません。新たな原発のがんが見つかるかも、と考えることもあります。

【私が子宮頸がんになって学んだこと】
　一、健康診断は毎年受けることが大切。
　一、検診結果をきちんと確かめ、甘く見ないことが大切。
　一、がんになる前にがん保険に加入することが大切。

　そして、可能ならば相談できる年下の医師を見つける（一生付き合ってもらえるように）ことができると安心かなあとも思っています。

こころも元気に 〜産業看護職より

平山奈津子
（平成27年8月）

私達は誰でも　人から認められたいですね。
でもその思いが強いと認めてもらえないときは　自分に『価値がないように』感じてしまいます。

自分の人生の主語は『自分』なのに。

皆さんは自分のことが好きですか？

私の息子は23歳になりますが、まだ就職は決まっておらずスーパーでアルバイトをしています。
性格は優しくて内弁慶です。
先日「自分が良いと思ってしたことでも、違うふうにとられることがあるんだね。」と話しをしてくれました。
品出しのお仕事中、お客さんがたくさんいたので
通路の邪魔にならないようカートを隅っこに置き品物を陳列していたそうです。

段ボールを開封する時にも、カッターがお店にいる子供さんに危なくないようになるべく隅っこで作業していたそうです。
それを見ていた店長さんに「効率が悪いよ」と注意されました……
その時息子は「はい、すみません。」としか言えなかったと教えてくれました。
店長さんの言うことはもっともだと思いながらも
『お客様に気持ちよく買い物をしてほしい』と思ってしたことなので
「店長さんに自分の考えだけでも伝えられたら良かったなー」と言ってました。

私はその話を聴いて、とても嬉しくなりました。
小さな事だけど、人の役にたつことを考えられて良かったなと思いました。

「そんなふうに考えていることを店長さんに話したら
店長さんの経験で、もっと良い方法を教えてもらえたかもしれないね。」
「そうだね。今度は、迷ったとき自分から聞いてみるよ」と言いました。
不器用で効率が悪いことは、これから経験していけば身に付いていきます。

自分を認めてもらうことより大切なこと。
それは自分が役に立つ喜びを知ることです。
その喜びこそが、自分を好きになり　成長するチカラになります。

『自分の価値と他人の評価は関係がない』と私は思います。
みんな　たった一人のかけがえのない存在なのだから。

「復職」か「退職」かの選択

8割超が「復職」「退職」を選択せざるを得ない状況に

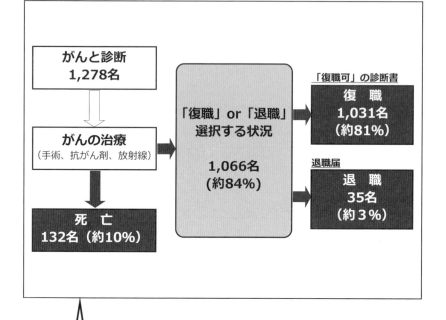

POINT

1,278名の調査対象者中、休職開始日から1年経過時点で死亡していた方は132名、病休の継続が必要だった方は74名。残る8割超の方は、復職するのか退職するのか、検討・選択を迫られていた。

がんは、現在の日本人の死亡原因の第1位の病気ではありますが、医療の進歩によって、がんによって亡くなることが「すぐに起きる」ことは、確率的にはかなり低くなってきています。

　今回の調査・研究では療養開始日から1年後の転帰を見ましたが、1,278名の対象者のうち、亡くなられた方は132名、病休を継続していた方は74名。残る8割超の方は、がん治療を経て、復職するのか退職するのか、検討・選択を迫られたということになります。今回は大企業の正社員を対象とした調査ということもあって、身分保障期間が長かったり短時間勤務制度が導入されていたりする企業も多く、大半が復職しており、療養開始から1年までの退職率は3％にとどまっていました。

　しかし、中小企業や、非正規雇用の社員（契約社員・派遣社員）ではどうでしょうか？　会社の“空気”を読んで、「治療に専念したいので退職します」と退職届を出したり、『一身上の都合』で辞めていったりする人も、少なくないのではないでしょうか？　あるいは、短い身分保障期間の満了で、自動的に退職となっているケースも少なくないのではないでしょうか？

　中小企業の社員や契約・派遣社員等の場合は、「退職」してしまうケースが少なくありません。これからは、こうした方たちががんの治療で、仕事を一定の期間、離れなければならなくなっても、復職できる社会に変わっていかなければなりません。

「復職」「退職」を選択する際の因子

がん療養後、「復職」「退職」の選択に影響を与える4因子

「復職」or「退職」を選択する状況での検討事項

①治療状況
☑身体のダメージ
☑治療スケジュール・詳細

②がん関連症状
☑体力低下の程度
☑痛み・食欲低下・吐き気・下痢・便秘・むくみ……
☑不眠症、うつ状態

③経済的な事情等
☑本人の就労意欲
☑家族の就労実態
☑家計状況（貯蓄と負債）

④企業の復職支援制度
☑十分な療養期間
☑短時間勤務制度
☑産業医等のサポート
☑企業のサポート

→ 復　職

→ 退　職

POINT

がんによる療養後には、①治療状況、②がん関連症状、③経済的な事情等、④企業の復職支援制度──を踏まえて、「復職」するのか「退職」するのかを検討することになる。

「復職」か「退職」かの選択に影響を与える因子としては、①治療状況、②がん関連症状、③経済的な事情等（本人の就労意欲・家族の就労実態・家計の状況）、④企業の復職支援制度——が挙げられます。

　①「治療状況」は、企業としてはどうしようもないことです。

　②「がん関連症状」は、がん自体の症状と、がん治療に伴って生ずる症状です。がん罹患社員の最大の就労阻害因子は、体力低下・だるさ（Cancer-related Fatigue：CrF。持続する疲労・消耗の感覚のことで、がん自体またはがんの治療に関連して生じ、労作に比例せず、日常生活の妨げとなる症状）ですが、それ以外にも、痛み、食欲低下、吐き気、下痢、便秘、むくみなど、さまざまな症状があります。また、こうした身体症状に限らず、メンタルヘルス不調、不眠症、心理的苦悩なども生じることがあります。企業としては、がん罹患社員本人の希望や主治医等の診断書等に基づき、できる範囲内での就労上の配慮をすることになります。

　③「経済的な事情等」は、がん罹患社員本人にとっては、極めて重要な要素です。年齢、世帯の状況（共稼ぎか一人稼ぎか）、貯蓄と負債のバランス、そして、就労世代にのしかかる教育と介護の費用の問題……「あと数年で定年だし、退職して、治療に専念しよう」という、家庭の経済状況に恵まれた方もいるかもしれませんが、「学費やローンのために働かなくては」と、だるさや痛みを抱えながら、職場に必死に向かわざるを得ない方もいます。

　④「企業の復職支援制度」は、企業の意識が変われば、大きく変えていける部分です。ほかの３つの因子について企業ができることは限られていますが、これについては、「十分な療養期間」「短時間勤務制度」「産業医等によるサポート」「企業の風土改善による周囲のサポート」等、企業ができることがあります。

因子① 治療状況

がんに対する治療には、それぞれデメリットがある

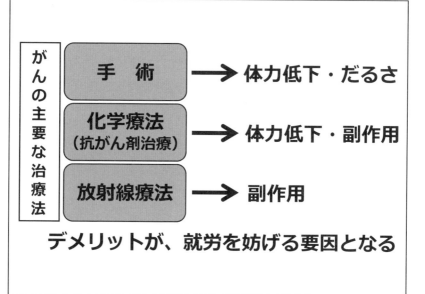

POINT

がんに対する主要な治療法である「手術」「化学療法（抗がん剤）」「放射線療法」には、それぞれデメリットがある。そのデメリットが、就労を妨げる大きな要因となる。

がんの治療方針は、その種類、ステージ、患者の治療への気持ちや価値観など、個別の状況を考慮して決められます。がんに対する主な治療は、「手術」「化学療法（いわゆる抗がん剤による治療）」「放射線療法」の３つですが、それぞれにデメリットがあります。

　手術（ここでいう「手術」とは、開腹手術、開胸手術、開頭手術などを指します）の場合、傷の大きさや手術時間などによっても異なりますが、身体は、「疲労感」を感じさせることで活動量を抑えようとします。多くの方は、体力低下、だるさといった症状を訴え、これが就労を妨げる大きな要因となります。また、大腸がんの手術で一時的に人工肛門を造設するなど、身体的に制約が加わることも少なくありません。もっとも、近時は、医療技術の進歩で、腹腔鏡・内視鏡を使った手術で数日から数週間でもとの生活ができるようになるなど、手術のデメリットは大きく改善されつつあります。

　化学療法は、手術が困難な場合にも幅広く治療を行うことができ、中心的な治療法といっても過言ではありません。しかし、抗がん剤の種類や投与量、投与スケジュール、患者の全身状態などによっても異なりますが、体力低下を引き起こすのが大きな難点です。海外の研究でも、抗がん剤投与が、療養日数を長くし復職率を下げる要因であることが指摘されています。また、抗がん剤は、吐き気や嘔吐、下痢、手足のしびれ、脱毛などの症状のほか、骨髄機能低下による白血球数の減少、腎臓障害、筋肉痛といった痛みなど、さまざまな症状を引き起こします。疼痛コントロール、吐き気に対する治療（支持療法）なども進歩していますが、「抗がん剤治療＝副作用と闘わなければならない」ということには変わりありません。

　放射線療法も、化学療法と同様に、吐き気、食欲低下、下痢など、さまざまな症状を引き起こします。

73

因子② がん関連症状

「がん関連症状」とその管理

海外のがんサバイバー研究から…

Symptom Management（症状等の管理）
☑ 疲労（CrF : Cancer-related Fatigue）
☑ 痛み（頭痛・腰痛等）、食欲低下・悪心・嘔吐、便秘・下痢等
☑ 乳がん：リンパ浮腫、乳房切除後疼痛症候群

Nutrition Management（栄養管理）
☑ 分食（特に胃がん・食道がんの術後）

Mental Care（メンタルケア）
☑ 睡眠障害（がんサバイバーの30〜50%に見られる。中途覚醒が多い）

※化学療法は、倦怠感などのさまざまな症状を起こし、療養日数を長くさせる要因

POINT

がん関連症状は、がんの種類や治療法等によって生じ方も多種多様だが、なかでも、がん自体やその治療によって疲労状態になり、体力低下を招くことによって就労に耐え得る状態に至らないことが、復職を遅らせる原因であることが指摘されている。

がん関連症状は非常に多くありますが、なかでも就労・復職を阻害する最大の症状は、がん関連疲労（Cancer-related Fatigue：CrF）——いわゆる、だるさ、体力低下です。CrF は、「持続する疲労・消耗の感覚のことで、がん自体またはがんの治療に関連して生じ、労作に比例せず、日常生活の妨げとなる症状」と定義されています。患者さんは、「しんどい。とにかくしんどい」と訴えます。この体力低下・だるさにより就労に耐え得る状態に至らないことが、復職を遅らせる原因であることが指摘されています。

　身体に生じるがん関連症状の代表的なものとしては、痛み（頭痛、胸の痛み、腹部の痛み、腰痛など）、吐き気や嘔吐、食欲低下、便秘や下痢などが挙げられます。また、がんに比較的特有の症状として、乳がん患者のリンパ浮腫や乳腺切除後疼痛症候群、胃がん患者の手術後に起きやすいダンピング症候群等があります。

　患者さんに対しては、メンタルヘルスケアも欠かせません。がん患者の 30〜50% は、睡眠障害（いわゆる不眠症）を合併することが多く、特に、中途覚醒（夜中に何度も目が覚めてしまうこと）が多いことが知られています。うつ状態になり、「うつ病」や「適応障害」と診断されて精神科の先生に診てもらう方も少なくありません。がん治療中は、心理的苦悩（psychological distress）の状態ですが、これは、がん患者にならないとわからない心理状態でしょう。家族も職場のスタッフも、思いやりの気持ちを持って接していくことが大切です。

「体力低下」が復職・就労継続を妨げる

CrF と日常生活・職業生活等の QOL

Cancer-related Fatigue (CrF)：がん関連疲労

認知的倦怠感 Concentration, alertness	身体的倦怠感 Lack of energy, tiredness	気分的倦怠感 Motivation, self-esteem, depression

＊がんサバイバーに最もよく認められる症状
＊日常生活・職業生活等のQOLの低下を招く

＊身近な人でも気づきにくい　⇒軋轢、離職、孤立……

体力低下を起こしやすい（CrFの出現率が高い）のは……
☑骨髄移植、高用量の抗がん剤治療
☑週に1回以上の抗がん剤治療（例：乳がん、膵臓がん、悪性リンパ腫）

POINT

CrF は、がん患者の6割以上に認める、最もよく報告されている症状であるが、日本ではあまり知られていないこと、目に見える症状ではないため身近な人でも気づきにくいことから、理解されにくい。これが、周囲との軋轢や孤立を生み、離職につながる。

がん患者の就労を妨げる最大の要因である CrF は、がん患者の6割以上に認められる、最もよく報告されている症状です。日常生活、気分、社会関係など、生活の質（Quality of life：QOL）全体に悪影響を及ぼします。

　厄介なのは、CrF が日本であまり知られていないこと、そして、「目に見えない症状・気づきにくい症状（Invisible Symptoms）」であるために、家族や同僚など身近にいる人でも気づきにくく、その辛さを理解することが難しいということです。「がん患者」ならではの辛さを理解してもらえず、周囲との軋轢や孤立が生じ、結果、退職を余儀なくされるケースは非常に多いと思われます。CrF を社会や周囲が理解して、できる範囲で配慮することが必要であると、筆者は声を大にして訴えたいと思います。

　CrF の出現率が高いと指摘されているのは、骨髄移植や高用量の抗がん剤治療、週1回以上の抗がん剤治療を受ける場合です。がん罹患社員から「治療で骨髄移植をしました」「抗がん剤治療をしました」「現在、抗がん剤治療をしています」との申出があった場合には、「体調がすぐれないときは、いつでも言ってください」「産業医とよく相談してください」と、その体力低下を気遣い、できる限りの配慮をすることが望ましいでしょう。がん治療を経て職場復帰した方は、「体力が落ちたなあ。身体もだるいし、毎日フルタイムで働くのは辛いなあ」と、CrF を自覚しつつも、「せっかく復職したのだから、頑張らなくては」と気負っている可能性があります。そんな中、心あたたまる気遣いや配慮を受けたら、涙が止まらないほど、嬉しい気持ちになるのではないでしょうか。そんなハートフルな会社が日本中に増えてほしいものです。

因子③　経済的な事情等

経済的な事情等も、復職への意欲に影響を与える

本人の就労意欲に関係する因子

☑ 年齢（「もうすぐ定年退職」「これからまだまだ働かないと」）
☑ 仕事そのものへの責任感・キャリア・会社への責任感
☑ 家族の就労形態・家計の状況

＊共稼ぎ世帯？　一人稼ぎ世帯？
＊教育（高校・大学等）の費用負担の必要性の有無は？
＊介護の費用負担の必要性の有無は？
＊収入と支出のバランスは？
＊貯蓄と負債のバランスは？

POINT

本人・家族の経済的な事情も、生活がかかっているだけに、極めて重要な事項の１つである。「年齢」「仕事そのものへの責任感・キャリア・会社への責任感」「家族の就労形態・家計の状況」は、就労意欲に影響を与える大きな因子となる。

本人の就労意欲・家族の就労形態・家計の状況など、本人・家族の経済的な事情も、復職への意欲に大きく関係します。就労意欲に関係する因子として、「年齢」「仕事そのものへの責任感・キャリア・会社への責任感」「家族の就労形態・家計の状況」が挙げられます。

　特に家計の状況は、生活がかかっているだけに、極めて重要な事項です。たとえば、子供もすでに自立している人であれば、「定年にはまだ数年あるけど、無理してまで働くことはないかなあ……」と考えるかもしれません。これから進学を控える子供がいて、家のローンも抱えている人は、「フルタイムで働き続けるのは正直厳しいけれど、学費のこともあるし、家のローンもあるし、何とか復職しないと……」と考えるかもしれません。

因子④　企業の復職支援制度

「企業の復職支援制度」は企業が取り組む余地のある因子

「復職」or「退職」の選択に影響する4因子

①治療状況

☑身体のダメージ
☑治療スケジュール・詳細

②がん関連症状

☑体力低下の程度
☑痛み・食欲低下・吐き気・下痢・便秘・むくみ……
☑不眠症、うつ状態

③経済的な事情等

☑本人の就労意欲
☑家族の就労実態
☑家計状況（貯蓄と負債）

④企業の復職支援制度

☑**十分な療養期間**
☑**短時間勤務制度**
☑**産業医等のサポート**
☑**企業のサポート**

復職・両立支援のために積極的に関与できる部分

＊十分な病休休暇の設定
　⇒最低でも1年

＊短時間勤務制度
　⇒体力低下や、治療のための通院等に配慮

POINT

「復職」「退職」の選択に影響を与える因子のうち、「企業の復職支援制度」は、企業として取組みを検討する余地がある。企業が「治療と就労の両立支援」のための制度設計を行うことで、退職率を下げ、復職率を上げることが可能である。特に効果があるのは、「十分な病休期間の設定」と「短時間勤務制度の導入」である。

がんによる療養後、「復職」か「退職」かの選択には、①治療状況、②がん関連症状、③経済的な事情等（本人の就労意欲、家族の就労実態等）、④企業の復職支援制度――の4つの因子が影響を与えます。

　①「治療状況」はがん罹患社員と主治医との間で意思決定されるものですし、②「がん関連症状」は個々の治療により生じる本人の症状で、③「経済的な事情等」は本人と家庭の環境に依存します。企業としては、どうにもならないものです。しかし、④「企業の復職支援制度」は、企業が「疾病治療と就労の両立支援」のための制度設計に積極的になることで、復職率を押し上げ、退職率を引き下げることが可能です。

　がん罹患社員の復職を支援する上で、最も効果があると考えられるのは、「十分な病休期間の設定」と「短時間勤務制度の導入」です。

　中小企業の一般的な身分保障期間は約3か月ですが、これでは復職率は上がりません。がんに罹患するのは40代・50代以降のベテラン社員が多いことを考えれば、これまでの会社への貢献も踏まえて、「療養期間1年間」の雇用を守ってあげてもよいのではないでしょうか。また、健康経営の観点からも、「がんになっても安心して働ける企業」は、今後、人材確保の面で優位になるとも考えられます。

　「短時間勤務制度」の導入も重要です。たとえば午前10時から午後3時までの4時間勤務とすれば体力的にもかなり楽になりますし、午前中に放射線治療を受けて午後から出勤したりするようなこともできるなど、治療をしながら働こうとするがん罹患社員の支援には大きな役割を果たすでしょう。

がんと
ともに
はたらく

体験談 **5**

「余命半年」と
告知されて……
そして、今

匿名希望

　今から十数年前（当時 28 歳）、会社の健康診断による胸部レント
ゲン結果にて、即再検査を行なうようにと当時の上司より直接指示
がありました。当時、特に何処か調子が悪いという自覚は無く、た
だ食べても太らないという感じで、体重は 52kg 程度でした（身長
が 167cm なので、平均体重より細身で軽い。喫煙は一日平均 15 本
で、休日は一日 20 本程度）。

　近くの病院で再検査として胸部レントゲン撮影を行なったところ、
レントゲン写真において肺にピンポン玉程の影があり、この病院で
は無理と診断され、都内の大学病院を紹介されました。大学病院で
は、肺に入れるカメラにて細胞サンプル採取を行いました（カメラ
が肺の内部に触れただけでむせ込んでしまいますが、カメラがある
ので咳などが出来ず、非常に辛く苦しいものでした。二度としたく
ない検査です）。

　後日、指定された日に家族と一緒に来てくれと医師より言われま
した。正直、この時に自分の中で「もしかして」と思いが生じまし
た。

　改めて両親を連れて大学病院を訪れた際、私は医師より「悪性の
腫瘍」であることを告げられました。病気の事で親に迷惑を掛けた

くなかったので、隠さずに全て自分に話して貰うように言い、ここで「肺がん」であること、余命が半年であることを私と両親の前で告げられました。私自身覚悟はしていたものの、いざ本当に「肺がん」と告げられると動揺は隠せませんでした。父と２人で大泣きしたことは、今も鮮明に覚えています。

　「僕はもう死ぬんだ」「僕は結婚できず、子供を持つことができず、父には孫を見せることができずに死んでしまうんだ」……色々な思いが浮かんできます。

　その後、医師よりすぐに入院するよう言われましたが、治療（入院）が長いのであれば家族の近くで入院がしたいと思いました。そこで、実家がある東北の大学病院を紹介してもらい、実家の方に帰ることになりました。

　「精密検査の結果、がんと診断されたこと」「これから実家から通える大学病院で治療するために、会社を休むこと」を会社に報告しました。

　療養前の最後の出勤日、社長、上司など、沢山の方が会社の玄関前で私を見送ってくださり、「絶対に戻って来いよ」と皆から励まされたことは、とても心にしみました。

83

そして、実家から通える大学病院に入院することになりました。

　当初は肺がんという診断でしたが、再検査で、「肺の方は転移したもので大元は違うのではないか？（当時の）この年齢で、肺がんを発症するのは極めて稀」という話となり、他部位の検査を行なったところ、「精巣腫瘍」が疑われました。

　普段、精巣なんて自分で念入りに触ることなんて無く、医者に言われ左右それぞれ触ってみてはじめて違いを感じました。私の場合、右側の精巣部位に「シコリ」の様なものがありました。検査の結果、精巣腫瘍であることが判り、精巣の摘出手術を行ないました。当時、独身だった私に医師は腫瘍だけの摘出は出来ないと言い、本当に悩みましたが、それで命が助かるのなら……と摘出手術の決心をしました。

　術後の経過をみて、今度は肺に転移した腫瘍の抗がん剤投与です。投与後すぐは体調に変化はありませんでしたが、何日か経つと気持ち悪さ等に襲われはじめました。簡単に言えば、船酔い状態が何日も続けて起こっている感じで、食べ物の匂いだけでも吐き気が襲い、人と会話するのも嫌な感じでした。

　２サイクル目に入る前は、船酔い等は無くなっておりましたが、その頃から毛髪が抜け始めました。手で髪をかき上げるだけで、指の間にはごっそりと抜けた自分の頭髪が残り、テレビドラマで見た光景が自分自身に起きていました。毛髪が抜けるという辛さと、毎日抜けた毛髪の除去清掃を行なわなければならない辛さは精神的にダメージが大きく、また、やせ細っていく自分の姿に挫けそうになりました。

　男性の私が、髪が抜けることで参るのだから、女性の方々は私以

がんとともにはたらく

上に辛いと思います（途中で院内の床屋で髪を剃りあげ丸坊主にしました）。

　病状を知った上で治療に入りましたが、はじめに余命宣告が半年で、抗がん剤は効き目がないかもしれないと言われていたので、正直、夜静かになると不安と恐怖感で眠ることが出来ませんでした。私が居た病棟は末期の患者さんばかりが居るところだったので、近くの部屋で家族が泣きながら患者さんの名前を叫ぶような光景もよくあり、とても辛かった記憶があります。何度も目を覚まし、自分の枕を涙で濡らす夜が毎晩のように続きました。

　そんな状態で2サイクル目開始前の事です。私の体（肺のがん細胞）に変化が見られました。1サイクル目の抗がん剤にて肺のがん細胞が若干小さくなったというのです。抗がん剤は効かないかもしれないと言われていたので、変化を知らされた時はとても嬉しくなりましたが、またあの辛い治療が始まるのかと思うと気持ち的には「±0」でした。

　抗がん剤は、気力・体力を大変消耗します。体重は減るばかりなので、体調の良い時には、昼間は非常階段の上り降り、消灯後はこっそり車いすで院内散歩（腕力の運動）を行って筋力が落ちないようにしていました（本当はダメなんでしょうけど……）。

　そんな流れで抗がん剤治療は4サイクル行いました（3か月間の入院）。そして私の体では、肺のピンポン玉程の腫瘍が、空気が抜けた風船のように潰れてくれました（現在も肺の中に残っていますが、特に変化はありません）。

　治療中に辛かったこととして、抗がん剤治療のそれぞれのサイクルの間に、一時帰宅が許されましたが、全くのツルツル頭なので、

外へ出る時は帽子を深くかぶり、目立たないようにしていました（どうしても周りの視線が気になってしまいます）。また、沢山の方が見舞いに来てくれましたが、嬉しい半面、首や腕に点滴が繋がれ、別人のようになっている自分の姿を見られるのは本当に嫌でした。

退院後の飲み薬等は一切なく、月1度のレントゲン検査のために、関東から東北の大学病院に通院していました。

そして、入院期間3か月、退院後は自宅療養期間2か月で私は復職しました。その頃には頭髪が2センチ位まで生えておりました（生まれたての牛の赤ちゃんのような毛並みでした）。

5か月ぶりに職場に戻った時、上司や同僚が、「何だ、生きて帰ってきたのか」と満面の笑みで私を迎え入れてくれた時は、とても嬉しかったです。

復職後も、片側の精巣を摘出したことによって、見た目の問題や生殖機能やホルモンバランス等は大丈夫なのかと、一人で散々悩みました（周りに同じ体験者が居なかったので…）。でも、悩んでもしようがないので気にしないようにしようと努力しました。月日が経つと、病気の事についても聞かれなくなり、あまり気にしないようになっていきました。

大学病院で、「自分が、がんであること」を告げられ、父と絶望の海の底に沈んだ日々から十数年。

私はその後、結婚し、一男を授かっております。

結婚できたこと。

孫を父に見せることができたこと。

仕事に戻ることができたこと。

今は人並みの幸せをかみしめつつ、生きております。

がんとともにはたらく

　最後に、当時心配してくれた皆様に、この場を借りて、感謝を申し上げたいと思います。

体験談 6

がんとともにはたらく

私を生きるために、『人に支えられ』、そして、『人を支える』

キャンサー・キャリア／キャリア・コンサルタント
砂川 未夏

　私は、25歳で結婚し、その3年後、子どもが欲しいと思っていた矢先に会社の健康診断で異常が見つかり、悪性リンパ腫であると診断されました。元気が取り柄だったのに、突然のがん告知。頭が真っ白になり、初めて死を意識し、思い描いていた未来と自分というアイデンティティがガラガラと音をたてて崩れ去りました。

　そんな私が働き続けられたのには、精密検査の段階から職場の方々に親身に関わっていただき、安心して治療を乗り切れたことと、職場復帰後には外部の力も借りて自分の生き方や働き方を見直し、身体だけでなく、心、そしてキャリアも整えられたことが大きかったです。

　最初の精密検査では検査入院が必要になりましたが、上司がすぐに人事へ働きかけてくれました。その後、10日ほどで同僚と仕事の引継ぎを行い、治療のため半年間休職しました。その時の「待っているよ」という一言が希望になりました。また、会社にはがん患者向けの制度はありませんでしたが、上司や人事に治療の状況や見通しを伝えて話し合い、既存の制度を応用できるよう配慮いただきました。復職時は、短時間勤務から始め、今の体調や必要な配慮を伝え、どこまで仕事が可能なのか等について調整しました。職場の

理解を得ながら、半年かけて段階的にフルタイム勤務となりました。その後、仕事が認められ、プロジェクトのリーダーを任された時は嬉しかったことを覚えています。

　しかし、気づくと、以前のような忙しい日々を送っていました。再発の不安を抱えながら新たな業務やマネジメント等によるストレスも受け、さらに抗がん剤の後遺症による不妊の治療が始まって、仕事と治療そして家庭の両立に悩み、どうすればいいのか、わからなくなりました。上司には業務上のことは相談できても、後遺症の治療のことは話しづらく、誰にも相談できずにいました。

　そうした中、上司からキャリア・カウンセリングを紹介いただきました。まさに、私が必要としていたものでした。そこで初めて、自分自身について語りました。様々な葛藤や不安で毛糸玉のように絡み合っていたものがほぐれていくように、語ることで整理され、何を大切にしたいのか、本当はどうしたいのか、自分の中に答えを見つけ、納得して決断することができました。こうして生きる希望や自信を失っていた私が、職場や外部のサポートのおかげで前向きに働き続けることができました。

　医療の進歩により、がんになっても人生は続きます。しかし、当

事者である従業員は、突然のことで驚き、初めてのことばかりで想定外の環境や心身の変化を受け入れることが難しくなります。そうした中、どうすれば働き続けられるか、共に考えるという視点で、従業員一人ひとりの状況や想いをひとまず聴いてほしいです。語ることで多様な選択肢に気づき、話し合うことで可能性が生まれ、働く意欲や意思が醸成されて次のステップへ踏み出すことができます。多様な人と人との関係性から生まれるエネルギーの連鎖が、職場のチーム、会社、そして社会の成長につながると信じています。

がんとともにはたらく

こころも元気に
～産業看護職より

自分だからできること

平山奈津子
（平成27年9月）

ある状況が苦しいと感じること、皆さんにも経験があると思います。
やりたいことだけじゃなく、すべきことが自分の能力を超えると　しんどいですよね。
期待に応えよう　とか　ちゃんとしないといけない　と思う自分がそこにいます……

もし　『苦しい』と感じた時、『そこにはどんな考えがあるのか？』を探ってみませんか？

私は来月、日本アドラー心理学会の総会で　シンポジストとして
『老いと死を勇気づける』というテーマで発表することになりました。
人前で話すことは大の苦手で何度も失敗をした経験があります。
それなのに　恩師から、
「施設に入っているお母さんに奈津子さんが勇気づけたことをお話していただけませんか？」
と相談された時、「はい」と即答していました。

いつもお世話になっている恩師の役に立ちたかったからです。
そう思ってお引き受けする決心をしていたはずなのに
いざプログラムの中に自分の名前を見つけると、緊張してプレッシャーを感じてしまいました。
原稿を書こうとしても書けません……
いつの間にか
『先生の期待に応えたい、ちゃんと学べていると認めてもらいたい、失敗したくない……』
と思う自分がいました。

その時、苦しみながらも　『私にとって何が成功で何が失敗なのか？』
を考えてみました。
私にとっての『成功』は、母が施設で頑張って暮らしていること
老いていくことと病気と向きあって生きている姿を、母の力を、
そのまま皆さんに伝えることだとわかりました。
それがわかったら肩の力が抜けました。

期待に応えようと背伸びをしなくて良いのです。
認められたら素敵なことかもしれないけれど、みんなに認められなくても良いのです。
決して卑下することもない。

等身大の自分でいて　頑張った先に、自分にしか出来ないことを見つけられる。
それが、きっと誰かの役に立てる。

今、私は、たとえ失敗して恥ずかしい思いをしたとしても、
そんな姿から誰かを勇気づけることが出来たら素敵だなと思っています。

復職支援制度があれば半数は治療と就労を両立できる

復職後の5年勤務継続率は50%超

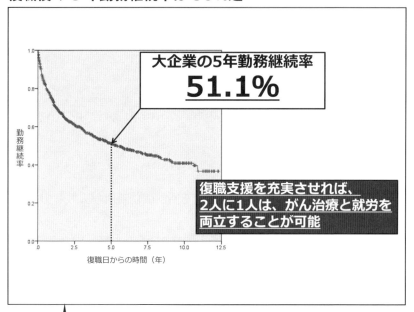

POINT

復職日から5年後まで仕事を続けられた率（5年勤務継続率）は51.1%。大企業のようにがんの治療と就労の両立支援制度を整えることができれば、2人に1人は復職日から5年後も治療と就労を両立できると推測されることから、すべての企業において制度整備が望まれる。

「復職したとして、その後も継続して働き続けることができるのか？」——これは、多くの企業が抱く疑問ではないでしょうか。

今般の調査・研究結果においては、復職日から5年後まで勤務を継続することができた率（5年勤務継続率）は、51.1％でした。がん自体の5年相対生存率（がん患者が5年間生きられる確率）が約6割であることを考慮すれば、5年勤務継続率が51.1％というのは、かなり高い数値であると考えられます。このデータをもとにすれば、大企業のようにがんの治療と就労の両立支援（十分な病休期間の設定、短時間勤務制度の導入など）を行うことができれば、2人に1人のがん罹患社員は、復職日から5年後も、治療と就労を両立して勤務し続けることができるということです。

しかも、今般の調査・研究の対象は、年次有給休暇では足りない程度の治療を要した方——つまり、より重症の方です。実際の5年勤務継続率は、この数値よりもさらに高いでしょう。

しかしながら現実問題として、現在の中小企業のがん罹患社員の5年勤務継続率は、かなり低い数値であると、筆者は推定しています。中小企業において、支援制度を整備することで、復職後の勤務継続率を大企業に近づけていってほしいと思います。

重要なのは「復職後の2年間」

復職後2年間での再病休が多い

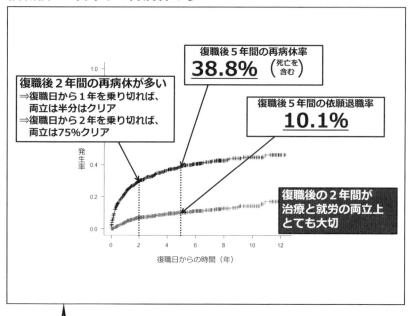

POINT

復職後、疾病により再病休した率を算出すると、復職日から1年後までに再病休全体の57.2％、2年後までに再病休全体の76.3％が集中している。がん罹患社員に対し復職後2年間、就業上の配慮を施せば、復職後の離職率はかなり減らすことができる可能性がある。

がん罹患社員が復職後、がん自体による症状（体力低下・痛み等）、再発、治療の副作用等により、働くことができなくなった場合、再病休（死亡を含む）か、依願退職か、どちらかの選択となります。

　復職後に疾病により再病休した率を算出すると、5年間での再病休率は38.8％でした。特に再病休の発生が多いのは、復職後の2年間です。復職日から1年後までに再病休全体の57.2％、2年後までに再病休全体の76.3％が集中していました。これは、復職日から1年間、勤務を継続することができれば、「がん治療と就労の両立の壁」の半分を越えたことになるということを意味します。2年間、勤務を継続することができれば、壁の75％を越えたということです。

　「がんになった社員には、ずっと特別な配慮をしなければならないのか」──決してそうではないということが、このデータからわかるでしょう。できれば復職後2年間、難しいのであればせめて1年間、就業上の配慮（短時間での勤務を柔軟に認めたり、立ち仕事からデスクワークに配置転換したり、治療やその副作用による突発休の取得を認めたり……）を施していけば、がん罹患社員の復職後の離職は、かなり減らせる可能性があるのです。

　なお、定年退職者を除く、復職後5年間での依願退職率は、10.1％でした。この数値は、メンタルヘルス不調により休職した方の復職後の退職率と比べても、かなり高い値です。依願退職は復職後の1年間に集中しており、「職場復帰可能」との診断書をもとに復職したものの、実際に就労する上でさまざまな困難を感じ、自ら退職を選んだのかもしれません……。

　ここでは、がん治療と就労の両立支援は、復職後の2年間が重要であることを、強調したいと思います。

男性がん罹患社員の5年勤務継続率は48.5%

男性に限って見ても、「復職後2年間」が両立上重要

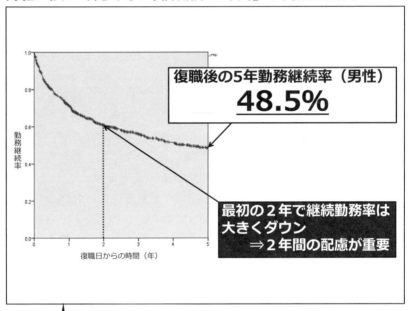

POINT

男性に絞って復職後の5年勤務継続率を見た場合も、全体のデータと同様、「復職日から2年間の配慮」が、がん治療と就労の両立上、重要であるということが推察できる。

さらに細かく、復職後の5年勤務継続率を見ていきます。

　男性について見てみると、今般の調査・研究では、1,033名中、786名が復職しました。復職日から半年後の勤務継続率（0.5年勤務継続率）は80.1％、以降、1年後71.2％、2年後60.9％、3年後56.1％、4年後51.4％——そして、5年勤務継続率は48.5％でした。男女を合わせた全体のデータと同様、復職後の5年間に約半数の男性社員が、がん治療と就労を両立できていたことが示唆されます。

　特に、復職した最初の2年で勤務継続率は大きくダウンしており、やはり、復職日から2年間の配慮が、がん治療と就労の両立においては重要であるといえます。

胃がん、前立腺がんの平均勤務年数は 10 年以上

がんの種類によって、5 年勤務継続率は大きく異なる

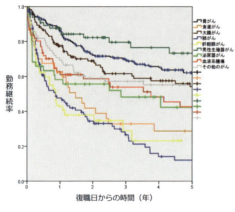

がんの種類別の5年勤務継続率（男性）

男性生殖器がん ： 73.3%
胃がん ： 62.1%
大腸がん ： 57.5%
血液系腫瘍 ： 48.3%
尿路系腫瘍 ： 48.3%
食道がん ： 28.7%
肺がん ： 14.2%

POINT

復職後の5年勤務継続率は、がんの種類によって大きく異なる。種類によっては、復職後の平均勤務年数が10年を超えるものもあり、このようながんでは徐々に普通に働くことができるようになる可能性が高い。

今般の調査・研究では、復職後の5年勤務継続率について、がんの種類によって大きな差を認めました。

　男性について、復職後の5年勤務継続率をがんの種類で比較してみると、10％台のものもある一方で、70％を超えるものがあります。顕著なものでは、肺がん14.2％、食道がん28.7％。一方で、前立腺がん等の男性生殖器がんでは73.3％、胃がんでは62.1％の方が、復職後5年間、勤務を継続することができていました。

　特に、前立腺がん、精巣がん、胃がんであれば、復職後の平均勤務年数は10年を超えています。これらのがんの場合、復職後のはじめの2年間を乗り切れば、徐々に普通に働くことができるようになっていくものといえるでしょう。

女性がん罹患社員の5年勤務継続率は60.4%

女性に限って見ても、「復職後2年間」が両立上重要

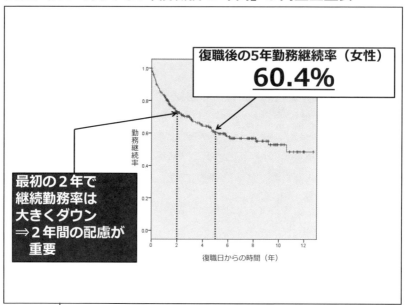

POINT

女性に絞って復職後の5年勤務継続率を見た場合も、全体のデータと同様、「復職日から2年間の配慮」が、がん治療と就労の両立上、重要であるということが推察できる。

女性について見てみると、今般の調査・研究では、245名中、224名が復職しました。復職日から5年後の勤務継続率は、60.4％です。やはり、復職した最初の2年間に勤務継続率は大きくダウンしており、この期間の配慮が、がん治療と就労の両立上、重要であるといえます。

乳がん、子宮がん等の平均勤務年数は10年以上

がんの種類によって、5年勤務継続率は大きく異なる

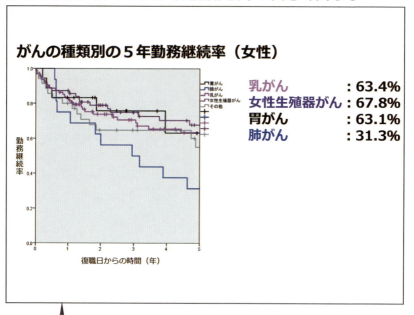

> **POINT**
>
> 復職後の5年勤務継続率は、がんの種類によって大きく異なる。種類によっては、復職後の平均勤務年数が10年を超えるものもあり、このようながんでは徐々に普通に働くことができるようになる可能性が高い。

女性の場合も、復職後の5年勤務継続率については、がんの種類によって大きな差が認められます。顕著なところでは、肺がんが31.3％と低い一方で、乳がんでは63.4％、子宮がん等の女性生殖器がんでは67.8％、胃がんは63.1％となっています。

　5年勤務継続率が高いこれらのがんでは、復職後の平均勤務年数は10年を超えています。復職後のはじめの2年間を乗り切れば、徐々に普通に働くことができるようになっていくものといえるでしょう。

がんと
ともに
はたらく

体験談 **7**

契約社員として
入社直後に、
大腸がんと診断されて

匿名希望

　私は、現在30代の男性です。2015年10月に契約社員（非正規雇用の社員）として入社しました。仕事は立ち仕事で、段ボールに入った製品を運ぶというものです。家族は私、母、弟の三人ですが、契約社員である私が家族の生活を支えている状況でした。今まで特に大きな病気にかかったことはなく、至って「健康」でありましたが、入社してから初めて受けた会社の健康診断で、便に血が混じっていると指摘されました。

　会社の産業医と看護師から、「大腸がんの可能性もゼロではないので、なるべく早く、大腸カメラを受けた方がいいですよ」と言われましたが、私は、周りに聞いても「大したことないよ」と言われるので、「どうせ、痔（ぢ）だろう」と思って、そのまま放置していました。しかしながら、会社の看護師に再三にわたって大腸カメラを受けるように言われたので、仕方なく、2016年の3月に大腸カメラを受けることにしました。自分が病気だとは思っていませんでしたので、「検査して、何でもなかったと報告すればいいや」と考えていました。

　ところが、大腸カメラを入れたところ、カメラ全体に5〜6cmぐらいの塊のようなものが映っているではありませんか。医師から

は、「大腸がんの可能性があるので、外科で手術をしましょう」と言われました。「これはもしかしたら、やばいかもしれない」などと途轍もない不安に襲われましたが、できる限り、気にしないように努めていました。気にし過ぎると、何だか、滅入ってしまうような感じだったからです。そして、一緒に住む母と弟には、ポリープの手術を受けることになったとしか告げず、手術に臨むことになりました。

　4月の手術の前日、主治医の先生からの説明がありました。「がんを前提として、周りのリンパ節などを取ります」、そんな内容だったと思います。私は、「大丈夫、ポリープのはずだ」と何度も自分に言い聞かせ、何も考えないようにしようと、不安をかき消そうとしていました。

　手術を受け、気付いたら、病室に戻って、外は夜中になっていました。その後、手術で取った大腸の「ポリープ」の病理検査の結果、「大腸がん」と宣告されました。

　とてもショックでした。色々説明されたのですが、頭が真っ白になり、その内容はあまりよく覚えていません。ただ、先生の一言「再発の危険性はないよ」という言葉だけ、私の頭の中に残りました。

その時は、泣きたくなるというより、虚脱感がありました。考えると、どこまでも落ちていってしまう感じがして、なるべく、意識して、違うことを考えようとしていました。

　それから、なぜか、毎晩のように、夜中に目が覚めるようになりました。先生からは「大丈夫」と言われていましたが、不安がとても強く、特に、再発への不安に襲われる夜が続きました。

　夜中に起きると色々考えました。

　「俺は、会社をクビになってしまうのか」

　「これからどうやっていこうか」

　「がん保険に入っておくべきだった、入院費とか、どうしよう」

　不安の夜が続きました。

　その後、一時退院・療養となりましたが、5月に腸閉塞となり再入院することになりました。6月のはじめに退院し、その翌々日には復職を果たしました。

　復職した日は、緊張して、気持ち悪い感じで、不安な気持ちで一杯でした。

　また元の職場で働いてみると、予想以上に体力が落ちていることに気が付きました。とにかく、身体が動かない、立ち作業がきつい。午前中は何とか仕事ができていたのですが、午後になると立っていられないくらい辛くて、会社の医務室で横になったり、早退したりしていました。復職から1か月程、腹痛・体調不良が続き、会社を休む日が続きました。

　「出来上がった製品の段ボールを運ぶ立ち作業ができる程の体力、
　　筋力がない。もう会社を辞めなければいけないのでは」

　「次の契約更新まで、この会社で働かせてくれるのだろうか」

108

がんとともにはたらく

　復職してからも、不安との戦いでした。時々、めまいや不眠など
の症状もありましたので、休憩時間や業務時間内に医務室で休む日
が多くなっていったのです。てきぱき運ばなければならない作業
だっただけに、気持ちと体力のギャップがとても辛かったです。見
た目じゃ、決して分からないと思います（職場の周りの人には、自
分からは、がんで休んでいたことは言わず（言いたくなかったので）、
親しい人から聞かれた時にだけ、がんであることを告げ、他の人に
は、大腸ポリープと言っていました）。
　7月はじめに、会社の健康支援室で、産業医の先生と面談するこ
とになりました。最初は、悩んでいることを話すことにためらいが
ありましたが、産業医の先生に、気持ちと体力に大きなギャップが
あって、仕事を続けることが厳しいことなど、思いのたけを話しま
した。産業医の先生や看護師の方に相談すると、とてもほっとす
る気持ちがしました。産業医の先生には、「多くのがん患者さんは、
手術などにより体力が落ちます。けれど、身近な家族や職場の人間
でさえ、その体力低下に気付かないことも多い。今は、現状の体力
の中で、長く働き続ける事だけを目標に、毎日会社に来るなんて自
分はよく頑張っていると、自分自身をよく褒めてあげた方が良いで
すよ。でも、現状の立ち仕事では体力が追い付かないので、座り仕
事に変更することが望ましいと、会社に意見書を出そうと思います
が、いかがですか」と言われました。今後の雇用契約がどうなるか
はとても不安でしたが、今の作業のままではとても仕事を続けられ
そうにないので、「今の体調で無理なく続けられる仕事に変えて頂
けるように、意見書をお願いします」と、産業医の先生に意見書の
作成を依頼しました。その意見書をもとに人事労務課長が現場の

リーダーと調整してくださり、立ち作業から座り作業に仕事を変えてもらえることになりました。

　その後、体調を崩す（下痢がひどい）こともありましたが、それも一時的で、今は、残業なしのフルタイムで、椅子に座っての検品作業に従事しています。これならやっていけるかな。定時で帰らしてくれるのが嬉しいです。お金はきつい所がありますが、今のままが有難いです。

　今も、母にはがんのことは伝えていません。余計な心配をかけたくないので。ほんとに死ぬよという時は言うかもしれませんが。

＜今回の経験を振り返って＞

　私の会社は、300人程のそれほど大きな会社ではありませんが、会社の方々に救われ、とても恵まれていたと思います。私の会社に、健康支援室という話せる場所があったことが救いでした。もしなければ、会社を辞めていたと思います。産業医と看護師が相談に乗ってくれ、会社との交渉を仲立ちしてくれたことがとても大きかったと思います。「患者力」が大事だとか言われていますが、働くとなると、労働者の立場ではどうにかするのは難しく、どうしようもないんじゃないかと思っています。がんになった後も働き続けられるかは会社次第だと思うし、そこには運もあるのではないかと思います。自分はとても恵まれていたと思います。「がんばれ」という話ではないと思っています。下っ端なので、できないことをできないとは言えない現状があり、「できない」と言えば、角が立つだろうなあと思っていました。その意味で、人事労務の課長の存在も、大

がんとともにはたらく

きかったと思います。

　がんは誰でもなる病気。

　あえて、明るくしようとする方がいますが、がんになったことも
ない周りの方が「大丈夫、大丈夫」というのも、実は、とても重荷
に感じていました。

　分かっていても、普通に接してほしい。

　「大丈夫か」「それ、できるのか」とか言われるのも、正直、気を
遣っていました。

　私のような契約社員でがんになった方々、そうした社員がいる企
業の、参考になれば幸いです。

　最後に、タバコはやめた方がいいと思います。

こころも元気に
～産業看護職より

大切なもの

平山奈津子
（平成27年12月）

一生にたった一度の
ありがたい時間
ありがたい瞬間　を私達は生きています。
人生はそんな瞬間がたくさんつながって出来ているのかもしれません。
先日、病床の母が
「一番大切なものは、ものじゃなくて想い出なんだよ」と言って
私の子供の頃の想い出を楽しそうに話してくれました。
想い出は一枚の写真のように浮かぶそうです。
そんな母は病気で体が辛いときほど　『良いことや楽しいこと』を考えて、ときどき茶目っ気たっぷりに私を笑わせてくれます。
会いにいくと必ず「ありがとう」と言って嬉しそうな笑顔を浮かべます。
母の笑顔は、小さなことでも役に立てる喜びを私に教えてくれました。

人は誰かを幸せにするために生まれてきます。

かけてもらった嬉しい言葉。
そばにいてくれるだけで安心できたこと。
自分のことのように受けとめてもらって一人じゃないと思えたこと。
誰かと一緒だから幸せは感じられます。

私達は自分に出来ることで誰かを幸せにしてあげられるのですね。

出来ることには限りがあるけれど
それでも大切な想いをぎゅっと詰めて
二度と繰り返されることのないこの瞬間を慈しむ。
そんな風に歩いて行けたら素敵ですね。

大事だと思うことを大切にできたその先にきっと
10年後の未来があるのだと思います。

MEMO

第3章

HOW TO SUPPORT FOR WORKING CANCER SURVIVORS
企業における「がん罹患社員」対応実務

【がん罹患社員ゼロ期】
がん治療と就労の両立支援の要は「産業医」

「産業医」のニーズが高まっている

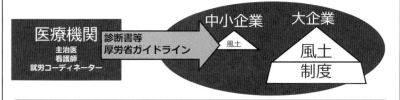

就労世代人口が半減する日本では…
人材がなかなか集まりにくくなりつつある
　⇒女性、シニア、外国人の労働者の活用の重要性
　⇒「治療と就労の両立支援」の重要性

連携かつ信頼できる産業医のニーズの高まり

POINT

近時、健康経営的なニーズ、過重労働対策を施すことで過労死や労働問題の発生を予防するためのニーズ、がんなどに罹患した社員をフォローアップして適切な就業上の措置を行うためのニーズなど、企業にとっての産業医の重要性が増している。

―― 「がん治療と就労の両立支援」のメリットと産業医

　就労世代人口が減少している状況にあって、今後は、病気で治療を受けている方にもそれなりに働いてもらうことが、ますます重要になっていくと考えられます。「がん治療と就労の両立支援」により、がんなどの疾病に罹患してはいても働くことのできる「ベテラン社員」を活用しようとすることは、企業にとってもメリットのあることです。

　この点、筆者の今般の病休・復職コホート研究に基づくデータでも、がん治療と就労の両立支援で重要なのは「復職日から1年の配慮」であって、企業ががん罹患社員にずっと特別な配慮をし続けなければならないわけではありませんし、がんになっても働き続けている労働者の存在は、他の職場のスタッフにも「うちの会社は、がんになっても、それなりに安心して働いていける会社なんだ」と実感させることになり、離職予防にもつながることでしょう。

　がん治療と就労の両立支援を行う上で最も有効なのが、産業医経験豊富な産業医を十分に活用することです。支援を進めていく上では、「事例性と疾病性に分けた実務対応のできる産業医」「利害関係の調整をサポートできる産業医」の役割は極めて大きいものです。

　とはいえ、産業医の職務と実態は、まだまだ十分に理解されているとはいえません。ここ数年は、健康診断の結果を活用して、重症の高血圧・糖尿病の社員に適切な治療を受けさせることで「就労不能」となるような病気を予防する健康経営的なニーズ、過重労働対策を施すことで過労死や労働問題の発生を予防するためのニーズ、がんなどに罹患した社員をフォローアップして適切な就業上の措置を行うニーズ……産業医に対するさまざまな要望が、企業側から上がっています。産業医を大いに活用していただくために、ここでは、「産業医」について、解説しておきたいと思います。

> ### 産業医とは……

　産業医とは、事業場において、労働者の健康管理等について専門的な立場から指導・助言を行う医師のことです。事業場における「保健室の先生」のような存在と考えていただければよいでしょう。

　産業医は、従業員の数と特定有害業務への従事の有無に応じて、法律で選任が義務づけられています。

従業員数	有害業務なし	有害業務あり
3,001名〜	2名以上の専属産業医	
1,000〜3,000名	1名以上の専属産業医	
500〜999名	1名以上の嘱託産業医	1名以上の専属産業医
50〜499名	1名以上の嘱託産業医	
〜49名	産業医の選任義務なし	

　特定の有害業務とは、労働安全衛生規則第13条第1項第2号に定める、次の業務です。

- 多量の高熱物体を取り扱う業務および著しく暑熱な場所における業務
- 多量の低温物体を取り扱う業務および著しく寒冷な場所における業務
- ラジウム放射線、エックス線その他の有害放射線にさらされる業務
- 土石、獣毛等のじんあいまたは粉末を著しく飛散する場所における業務
- 異常気圧下における業務
- さく岩機、鋲打機等の使用によって、身体に著しい振動を与える業務
- 重量物の取扱い等重激な業務
- ボイラー製造等強烈な騒音を発する場所における業務

- 坑内における業務
- 深夜業を含む業務
- 水銀、砒素、黄りん、弗化水素酸、塩酸、硝酸、硫酸、青酸、か性アルカリ、石炭酸その他これらに準ずる有害物を取り扱う業務
- 鉛、水銀、クロム、砒素、黄りん、弗化水素、塩素、塩酸、硝酸、亜硫酸、硫酸、一酸化炭素、二硫化炭素、青酸、ベンゼン、アニリンその他これらに準ずる有害物のガス、蒸気または粉じんを発散する場所における業務
- 病原体によって汚染のおそれが著しい業務
- その他厚生労働大臣が定める業務

　従業員数が50人未満の事業場については産業医の選任義務はありませんが、労働者の健康管理等を行うのに必要な医学に関する知識を有する医師等に、労働者の健康管理等の全部または一部を行わせるように努めなければならないこととされています。自主的に産業医契約を結んでいる企業もあります。

産業医の資格要件

　医師国家試験に合格しただけでは、産業医として働くことはできません。産業医学に関する研修を受講して、企業で働く人たちの健康・衛生を守るために、研鑽を積んでいく必要があります。
　産業医の資格要件は、次のとおり定められています。

①厚生労働大臣が定める研修（日本医師会の産業医学基礎研修、産業医科大学の産業医学基本講座）の修了者
②労働衛生コンサルタント試験に合格した者で、その試験区分が保健衛生である者
③大学において労働衛生を担当する教授・准教授・常勤講師の職にある者／あった者
④厚生労働大臣が定める者

産業医として働きたい医師の多くは、厚生労働大臣が定める産業医研修（日本医師会の研修、産業医科大学が実施している産業医研修）を受講し、産業医学の研鑽を積んでいます。

　「日本医師会認定産業医制度」では、産業医の資質向上と地域保健活動の一環である産業医活動の推進を図るために、所定のカリキュラムに基づく産業医学基礎研修50単位以上（目安として、1時間の研修で1単位）を修了した医師、または、それと同等以上の研修を修了したと認められる医師に対して、申請に基づき「日本医師会認定産業医」の称号を付与し、認定証を交付しています。この認定証の有効期間は5年間で、その間に産業医学の生涯研修20単位以上を修了することで、更新ができます。

　多くの医師が、多忙な医師業務の合間を縫って産業医研修を受講し、知識等の習得に励んでいます。

産業医の職務内容

　産業医の職務は多岐にわたりますが、大きくは、①統括管理、②作業環境管理、③作業管理、④健康管理、⑤労働衛生教育――の5つに分けられます。各項目について、事業者等に対し、勧告・指導・助言を行っていくことになります。

【統括管理（労働衛生管理体制の確立）】

　労働衛生管理体制の確立は事業者に課せられた重要な職務であり、労働衛生管理の基盤整備、関係規定の整備、年間計画の策定などを行う必要があります。産業医は、①労働衛生や健康管理に関する助言・指導・勧告、②職場巡視（産業医には、少なくとも月に一度、作業場などを巡視することが義務づけられています。巡視により作業状況、衛生状態、労働者の身体的・精神的健康を把握し、労働者の健康に有害であると判断した場合は、ただちに必要な措置を講ずることとされています）、③衛生委員会への参画、④有害性の調査（加えて、有害因子の事前評価、取扱条件の設定などについての助言や指導）――を実施します。

【作業環境管理】

　作業環境管理は、職場環境に存在する有害要因のリスクを評価し、リスク排除により、労働者の健康を保持する活動です。産業医は、①作業環境の測定、評価および改善（有害因子について作業環境測定や個人曝露量、生物学的モニタリングの結果をもとに健康障害リスクを評価し、改善の必要性・目標などに関して助言・指導）、②有害物質などの管理（一定の有害性のある化学物質について、安全データシート（SDS）等の情報をもとに、化学物質の使用状況・管理状況・有害性情報を把握し、リスクアセスメントに必要な助言・指導を実施）――等を実施します。

【作業管理】

　作業管理は、労働者の作業に関する有害要因のリスクを評価し、リスクの低減を図ることにより、労働者の健康を保持する活動です。産業医は、①現場の作業の点検と改善（有害作業をさまざまな観点から調査し、作業実態を把握したうえ助言・指導）、②作業時間の改善（長時間労働対策、作業強度・負荷に応じた休憩時間等の設定等の労働条件の改善について助言・指導）――等を実施します。

【健康管理】

　健康管理には、①健康診断の実施・事後措置（健康診断の企画・実施、健康診断結果をもとに健康相談・事後措置を実施）、②健康相談・面談（労働者からの健康に関する相談を受け、適切な助言・対策、専門医の紹介）、③過重労働対策等、④ストレスチェックとメンタルヘルスケアの実施、⑤職場復帰の支援（休養中のケア、職場復帰に関する当該労働者の意思や状態、主治医の意見を把握し、職場環境に関する情報収集・評価、総務人事労務担当者や上司との連携、職場復帰の可否判断、就労条件・作業環境に関する助言・指導、復帰後の経過観察）――等の職務があります。「心の健康問題により休業した労働者の職場復帰支援の手引き」「事業場における治療と職業生活の両立支援のためのガイドライン」等が参考になります。

【労働衛生教育】

　労働衛生教育は、政省令や指針などで事業者の責務として位置づけ

121

られています。産業医は、事業者・管理監督者、産業保健スタッフ、労働者、それぞれを産業保健全般にわたって教育する立場にあります。

企業側からニーズの高い産業医の主な業務

　企業側からニーズの高い産業医業務としては、①健康診断の事後措置、②過重労働対策、③メンタルヘルス不調への対応とフォローアップ、④がん等の内科疾患の社員への対応とフォローアップ──が挙げられます。

【健康診断の事後措置】

　健康診断の実施後、産業医は、全社員の健康診断結果を確認し、必要な保健指導、事後措置を講じなければならないこととされています。それぞれの検診項目に関して、「所見なし」「有所見で保健指導の必要性なし」「要保健指導」「要精査」「要受診」「受診中」のいずれであるかを判定し、必要な場合には保健指導や受診勧奨等、フォローアップを行います。特に、重症高血圧、重症糖尿病等は、脳卒中や心筋梗塞を発症するリスクが高く、安全配慮義務上、優先度が高い事後措置の項目です。

【過重労働対策】

　時間外労働の時間が、単月100時間以上、もしくは当月以前の2か月間から6か月間の平均のいずれかで80時間以上を超えた場合は、本人の申出に基づき、過重労働面談を実施することが求められています。本人の健康状態、業務の過重性等を確認し、適切なフォローアップが必要となります。職場側に、時間外労働を削減するために助言・指導をすることは極めて重要です。過重労働で社員が過労死やメンタルヘルス不調に陥ることがないよう、できる限りの対策を講じることが求められています。

【メンタルヘルス不調への対応とフォローアップ】

　ストレスチェック制度を活かしたメンタルヘルス対策の実施、本人もしくは職場側からの面談要請に基づく産業医面談の実施、メンタル

ヘルス不調で休職した社員の復職支援など、業務は多岐にわたります。総務人事労務担当者との情報共有と連携、主治医との連携、事例性と疾病性に分けた服務管理と健康管理等が、キーポイントになります。混乱事例を生じさせないためには、管理職・総務人事労務担当者・産業医等の連携が重要です。

【内科疾患の社員への対応とフォローアップ】

　今後ますます「企業の中で社員ががんになる事例」が増加していくことが予想される中、内科疾患の社員の就労継続のために、産業医が適宜、必要な助言・指導を行うことが重要となっていきます。復職判定のみならず、主治医と連携しての復職後の支援など、疾病の治療と就労の両立支援にかかる産業医の重要性はどんどん増していくものと思われます。

【がん罹患社員ゼロ期】
会社と産業医の連携の重要性

「総務人事労務」「管理職」「産業医」の三者の連携が重要

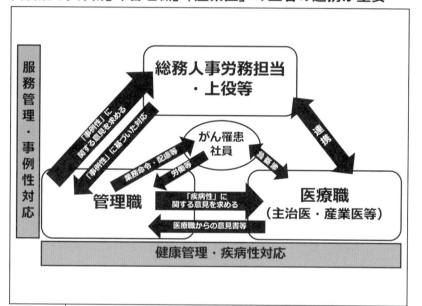

POINT

疾病を抱えた社員の、治療と就労の両立支援を行う上では、会社と産業医の連携が極めて重要となる。がん罹患社員がゼロの状態のうちに、総務人事労務担当者(総務人事労務部門の部長・課長・係長等)、その上役(役員等)と産業医が、十分に連携できる体制を整えておきたい。

「がん罹患社員ゼロ期」の取組みが重要

　疾病の治療と就労の両立支援の必要性について中小企業に話をすると、「まだうちにはそんな社員はいませんから……」と言われることがあります。しかし、有効な両立支援を行うためには、対象となる社員がゼロの段階から体制を整えておくことが大切です。

　疾病を抱えた社員の、治療と就労の両立支援を行う上では、会社と産業医の連携が極めて重要となります。早い段階から、企業が、産業医の顔と人間性、労働衛生に関する専門性について、ある程度の信頼を置けるようになっていれば、いざ必要となった場合に、十分に連携を図っていくことができるでしょう。

産業医との連携における留意点

　有効な両立支援を行うために、産業医との連携に際しては、次の点に留意いただきたいと思います。

①連携かつ信頼できる産業医を見つけること
②産業医業務を確実に実施してもらうこと
③面談室のプライバシーを確保すること
④健康に関する個人情報の取扱いを適切に行うこと
⑤会社と産業医の連絡方法を確保すること
⑥社員に対し、産業医に関する情報を周知すること

【連携かつ信頼できる産業医を見つけること】

「良い産業医」の基本的条件として、筆者は、①会社と連携できる産業医、②勤務日に確実に来てくれる産業医、③メンタルヘルス不調社員の対応ができる産業医、④社員と信頼関係を築くことができる産業医——であることが挙げられると考えています。

医師というのは、病院・医療の世界という比較的閉ざされた世界で学び、働いてきた人ばかりですので、基本的に、企業という組織で勤務した経験が極めて乏しいのが現状です。そうした中から、会社の意向をある程度汲み取ることのできる産業医を探し出すことができるのかが、両立支援を進める上での肝となります。

具体的には、「上から目線（医師であることを前面に出す）」「1人の面談時間がいつも1時間以上」「勤務日以外はまったく連絡できない」などといった方は、あまりお勧めできません。また、社員側から見て安心して相談したくなる産業医が求められるところ、「面談時に目を見ない」「時折、セクハラめいた発言などをする」といった産業医も好ましくありません。

適切な対応をとってもらうという観点からは、産業医として一生懸命働いてもらえることも大切です。急患等でやむを得ないこともありますが、産業医訪問の予定の日に毎回突発休するようだったり、名義貸し状態だったりするのであれば、産業医を変えたほうがよいでしょう。

がん治療と就労の両立支援においても、メンタルヘルス不調社員への対応の経験が豊富な産業医と契約すると有効です。なぜなら、メンタルヘルス不調社員の対応においては、「何を会社に伝え、何を秘密にすべきかの線引きをすること」が求められるからです。これは、がん罹患社員への対応を行う上でも同様に求められることです。メンタルヘルス不調社員への対応経験が豊富な産業医であれば、「線引き」の必要性への理解も十分であると考えられます。

産業医は、会社の安全配慮義務履行のためのアドバイスをする立場であると同時に、社員の健康不安を汲み取って、就労支援を行う立場にもあります。産業医面談時に社員から知り得た健康情報を加工し、社員への効果的なアドバイスを行い、総務人事労務担当や主治医と連携して……さまざまな"空気"を読みながら仕事をしなければなりません。時折、社員から聞き出した健康情報を何でも会社のスタッフに

話してしまう"勇み足"をする産業医がいますが、これは社員とのトラブルを引き起こす可能性があります。何を会社に伝えなければならないか、何を伝えるべきでないのか、線引きできる能力を持っていることは、より質の高い産業医の必要条件の1つでしょう。

【産業医業務を確実に実施してもらうこと】

　現在の産業医業務の中心的なものは、健康診断の事後措置、過重労働対策、メンタルヘルス不調への対応です。そもそもこれらがおろそかになっている企業が、新たに治療と就労の両立支援を充実させていくことは難しいでしょう。

【面談室のプライバシーを確保すること】

　話し声が面談室の外に漏れるようでは、安心して面談をすることはできません。筆者が産業医として訪問するある事業所（規模は50名程度）では、面談室の壁の上部が空いているため、いつも小声で面談しています。面談の声が漏れることがないよう、細やかな配慮が必要です。

　壁が薄いような場合は、リラックスできる音楽を、面談室の外に、CDプレイヤーで流すなどの工夫をしてもよいでしょう。

【健康に関する個人情報の取扱いを適切に行うこと】

　産業医面談の質の確保の上では、産業医が社員と話した内容について、本人の了解を得た範囲で会社側と情報共有することが肝となります。上司や人事に言えないことを相談したのに、産業医がそれをペラペラとしゃべってしまうようでは、社員との信頼関係を築くことはできません。

　産業医面談の一番の意義は、「利害関係のない面談」であるということです。「産業医には安心して相談することができる」という環境と信頼関係こそが、重要です。

【会社と産業医の連絡方法を確保すること】

　専属産業医のように会社の中に産業医が常勤でいる場合はともかく、嘱託産業医は月に1〜2回しか会社に来ないのが通常です。緊急の対応を検討したり、相談したりしたい事項が生じた場合には、産業医の

メールや携帯電話などに連絡して、アドバイスを受けることになります。「勤務日以外に連絡が取れない産業医」では、企業側も、いろいろとやりにくい部分があると思います。

【社員に対し、産業医に関する情報を周知すること】

　総務人事労務部門の担当者が産業医の顔と仕事ぶりを知っていても、社員は知らないのでは、「会社のための産業医であって、社員のための産業医ではない」ということになってしまいます。産業医についてどんな人物なのかを伝えるとともに、「産業医が〇月〇日の〇時から〇時に来ますので、健康相談のある方は、総務の〇〇までご連絡ください。なお、産業医には守秘義務がありますので、お気軽にご相談ください」といったことを、メールや社員の掲示板などで広く周知することが重要です。

> **遠藤源樹のひとりごと**

御社の産業医の先生は、産業衛生専門医ですか？

　「産業医の専門医」がいることをご存じでしょうか？　それは、日本産業衛生学会（産業保健の学会）が認定する、「産業衛生専門医（日本産業衛生学会）」「産業衛生指導医」です。

　この産業衛生専門医・指導医は、内科医や外科医、産婦人科専門医のような「専門医」であり、産業医学のトレーニングを受け、日本産業衛生学会の試験に合格した医師のみが標榜することができます。試験は、泊りがけで2日間かけて行われるものであり、「とりあえず産業医の資格を持っている」という医師が"片手間"で合格できるようなものではありません。そのため、本気で産業医として生きていきたいと考える医師のみが受験しています。産業衛生専門医・指導医であることは、産業医としての研修と研鑽を重ねている、「プロの産業医」である証です。

　もし、御社の産業医が、本気で産業医をしているかどうかを確かめたいのであれば、「先生は、日本産業衛生学会が認定する産業衛生専門医の資格をお持ちですか？」と尋ねてみてください。「はい」ということでしたら、御社の産業医の質は、日本産業衛生学会により保証されている、ということになります。

　より良い産業医を探したいという場合は、この産業衛生専門医と産業医契約することがベターです。ちなみに、平成25年8月現在、521名が産業衛生専門医に認定されています。

がんと
ともに
はたらく

体験談 8

45 歳のある日突然、
舌がんと診断されて

匿名希望

　私は 45 歳の時に舌がんに罹患し、手術の後遺症で言語機能障害
4 級・肩関節機能障害 5 級で身体障害者手帳を取得しました。

〈価値観について〉

　大学卒業後、建設業である現在の会社に就職し、現場監督として
20 年以上仕事を続けて来ました。

　現場監督の仕事は、意外と思われるかもしれませんが、一日中喋
り続けている仕事なのです。沢山の下請け業者と連絡を取りながら
現場をまとめていきますので、忙しい時には午前中で携帯電話の電
池が切れてしまう事もありました。

　40 代位の多くの働き盛りの人の傾向として、「良い仕事をして評
価を受け、出世していく事が人生の成功だ」という価値観があると
思います。私も 30 代後半頃から、徐々に出世していく同期に触発
され、「次は自分の番だ」と、益々仕事にのめり込んでいきました。
頭の中の 95％は仕事の事、家族と出かける時も常に仕事の事を考
えていました。

　ですので、手術の後遺症で現場監督の仕事が続けられなくなり、
今まで長年積んできたキャリアを全て失ってしまった事を、この時

とても残念に感じました。

その後、対人コミュニケーションが少ないという事で、建築の見積りをする部署に移動し、職場復帰を果たしました。

その時、キャリアを失ってしまった事を残念に感じる一方、「職場復帰できて良かった。これで家族に経済的な負担をかけずに済む」と安堵し、「また0からやり直そう」と、今までこだわってきたものが薄らいでいく感覚がありました。

そして現在、術後約4年経過しましたが、以前の価値観は大きく変わりました。

もちろん今でも仕事は大切ですし、実際に仕事に費やしている時間が圧倒的に長いです。しかし同時に、「仕事」以外の時間を大切にするようになりました。

体調を整えるための運動や休養、趣味などに費やす「自分」の時間。

家族の悩みを聞き一緒に解決策を考えたり、イベントを共有する「家族」の時間。

患者会などを通じて、同じ病気や障がいに悩む人をサポートする「社会」の時間。

今の自分にとっては、そのどれもが大切なものであり、「仕事を優先するために何かを犠牲にしても許される」といった考えは無くなりました。

　がんになったことで、自身の内的キャリアが大きく変わったことを実感しております。

（家族へのサポートの大切さ）

　42歳の時に4,500万円の住宅ローンを組み、さらに3人の子供の教育費がずっしりとのしかかってくる時期になり──今思い返すと、当時の私は「自分が一家の大黒柱で、家族を支えているのだ」という気持ちが非常に強かったように感じます。

　それなのに手術の後遺症で予想以上に喋れなくなったことで、「社会復帰できないのでは？」「もし社会復帰できたとしても、収入が大幅に減ってしまうのではないか？」と、とても心配しました。

　手術直後で心が折れていたこともあり、「もし退院後、仕事復帰が出来なくて収入が途絶えてしまい、子供達を学校に行かせる事も出来なくなるくらいなら、いっそ死んで生命保険を受け取ったほうが家族には迷惑がかからないなあ」と本気で考えていました。

　そして、妻も同じような心配を抱えていました。

　その後、退院して自宅療養をしている時に、私の上司が自宅に来てくれ、私・妻・上司で今後の復職について話し合いました。そこで対人コミュニケーションが少ない部署に職種転換するという方向となり、具体的な復職日が決まりました。その時の妻の安堵した表情は、今でもはっきりと覚えています。

　よく「家族は第二の患者」と言われます。治療が一段落し、職場

がんとともにはたらく

復帰する事について、上司が患者の家族を交えて話し合うことはとても意義ある事だと考えます。

　私もその後、具体的な復職日が決まったことで、「家族のために頑張って働くぞ」と、リハビリにも力が入るようになりました。

　家族の存在がリハビリに向かうモチベーションに繋がったことを考えると、以前のように「自分が一家の大黒柱で、家族を支えている」のではなく、「自分もまた家族に支えられているのだ」と実感しています。

　そして、会社が、がんに罹患した社員をその家族ぐるみでサポートする事により、がんになってもより良い形で社会復帰していけるのではないかと感じています。

こころも元気に 〜産業看護職より

小さな一歩

平山奈津子
（平成 28 年 4 月）

『人は自分の足りないところを知ることによってではなく、
持っている力（パーソナルストレングス）を知ることで成長すること
ができる』
と教わりました。
例えば、「心配しすぎる」ことを短所だと思っていたとして
その短所を長所に置き換えてみると
その人には「思慮深い・繊細である・未来を考える力、思いやりの
力」があります。
「せっかち」な人は、「時間を大切にしている・活動的な人」といえま
す。
短所だと思っていることは、実は『伸びしろ』なんですね。

一人ですぐに気持ちを切り替えるのが難しいときは
松葉杖や補助輪をイメージしてみませんか？
私達は決して一人ではなくて、みんな誰かの力になったり誰かの力を
借りて、補い支え合いながら生きています。

自分の心の構えは、私達の心ひとつで決意できるのですね。

自分の中にあるパーソナルストレングスを探して自分の力を信じること。嫌だなと思った出来事のなかの『良かった』点を探してみること。
小さな一歩かもしれませんが
それが今の自分に出来るベストなことです。

完璧を目指したいけれど人は不完全で、
自分は完璧じゃないと認めることは　とても勇気がいります。

こころが勇気を持つために
小さな一歩に最大の勇気があることを知る。

そんな一歩をはじめてみませんか。

【療養開始期・療養期】
ある日突然「がん」と診断された社員の心境

メンタルヘルスとコミュニケーションへの配慮が求められる

ある日突然、「がん」と診断された社員の心境

「がん」「死」への恐怖
☑キュブラー・ロスの5段階モデル（否認・怒り・取引・抑うつ・受容）

治療（手術・化学療法・放射線療法）に対する不安
☑治療に耐えていけるのか？（髪の毛が抜けたり吐いたり…）

お金に対する不安（家計・医療費）
☑自宅のローン、子どもの学費、親の介護……
☑貯蓄と負債のバランス……

仕事・復職に対する不安
☑元通りの仕事ができるだろうか？会社は許してくれるのか？
☑会社を辞めて治療に専念したほうがよいのか……再就職先は？

POINT

がんによる心理的ストレスは、診断後の数か月が最も強い。この期間のメンタルヘルスの支援が極めて重要である。一人の人間として、相手の気持ちにできる限り寄り添うようなコミュニケーションをとる配慮が望ましいことはいうまでもない。

ある日突然、がんと診断されたら……。

　医療の進歩で生存率は高くなっていますが、がんと診断された方に
とって、治療によって自分自身がこの先、生きられるのか、生きられ
ないのかは、「2つに1つ」です。とても厳しい現実を、ある日突然、
突きつけられることになるのです。

　精神科医であるエリザベス・キュブラー・ロスは、終末期の患者へ
のインタビューを踏まえて、「死の受容のプロセス」（「キュブラー＝
ロス・モデル」）を提唱しました。そこでは、すべての患者が同じ経
過をたどるわけではないと断ったうえで、①否認：自分が死ぬわけが
ないと否認する段階、②怒り：なぜ自分が死ななければならないのか
と怒りを感じる段階、③取引：何とか死なないように、何かにすがる
段階、④抑うつ：うつ状態の段階、⑤受容：自分自身が死ぬことを受
け入れる段階——との経過をたどると指摘されています。

　すべてのがん罹患社員が終末期にあるわけでもありませんし、医療
の進歩で多くのがん罹患社員が職場復帰できるようになりつつありま
すが、精神的なショックなどの感情は、昔とあまり変わらないのでは
ないでしょうか。社員がある日突然、がんと診断されたら、一人の人
間として、相手の気持ちにできる限り寄り添うようなコミュニケー
ションをとる配慮が望ましいことはいうまでもありません。

　ちなみに、がんの宣告を受けた人が診断から1年以内に自殺するリ
スクは、がんに罹患していない人の約20倍にのぼりますが（国立が
ん研究センターなどの調査等による）、2年目以降はこうした差はほ
とんど認められません。また、がんによる心理的ストレスは診断後の
数か月が最も強いことも知られています。診断後数か月のメンタルヘ
ルスの支援が、極めて重要であると考えられます。

【療養開始期・療養期】
がん罹患社員との情報共有とアプローチ

がん罹患社員に伝えたいこと・確認事項

社員からがん罹患と休職を告げられたら……

お見舞いの気持ちを告げる（一人の人間として）

本人との連絡方法の確認等（家族の連絡先等・病院名等の情報共有）

☞随時、「療養が必要である」旨の主治医の診断書を提出してもらう
☞職場復帰できるようになったら「就労可能」の診断書を提出

人事・服務上の事項について説明（もしくは書面での郵送）

☞身分保障期間、療養中の給与計算、傷病手当金の説明　など

※人事・服務上の事項については、
本人に話すことが望ましい

POINT

がんと告げられた社員は、先々の不安で精神的に追い詰められて
いることが多い。まずは、お見舞いの気持ちをきちんと伝えたい。
そのうえで、必要な情報の収集を行うとともに、人事・服務上の
事項についてきちんと説明を行おう。

がんと診断された社員は、大変な衝撃を受け、苦痛や死への恐怖、絶望感、これからの家計・医療費等に対する不安など、これまで経験したことのないような感情に襲われて、「お先まっくら」な状態でしょう。そんな社員が「がんになってしまったこと」を告げてきた場合、会社として、どのように対応すべきでしょうか？

　筆者は、まず、お見舞いの気持ちをがん罹患社員に伝えてほしいと思います。とても心配だということ、治療がうまくいって病気が治ることを願う気持ちでいっぱいであることを、伝えてあげてください。「仕事のことは何とかしますから、今は治療に専念してください」「会社としてできること、できないことがありますが、療養のことや仕事のことで気になることがあったら、いつでも会社に連絡してください」と、本人が安心して療養することができる環境づくりを行う意思を会社が持っていることを伝えると、がん罹患社員の追い詰められた気持ちも少しは軽くなるでしょう。

　そのうえで、療養中の連絡先などを確認します。本人だけでなく、家族等の連絡先に関する情報、できれば病院名・主治医等の情報を得ておきたいものです。ただし、必要以上の情報収集は禁物です。特に、がんのステージに関する情報を聞くのは控えるべきです。

　診断書を提出させて、「○○がんにより、○月○日まで療養が必要な状態である」と医師が認めていることを、企業として、確認すればよいのです。これをスムーズに行うためには、残っている年次有給休暇以上の療養が必要な場合には主治医からの診断書を適宜会社に提出する（家族等に郵送してもらってもかまわない）ように制度を整備して、運用することが望ましいと思います。さらに、当初の診断書に記載されていた日を超えて療養が必要となった場合には、当初の診断書記載の療養日数を超えないうちに、次の診断書を提出することを必須とすることが望ましいでしょう。

【療養開始期・療養期】
療養中の「ボール」は主治医が持っている

職場は「安心して療養できる環境づくり」に徹することが重要

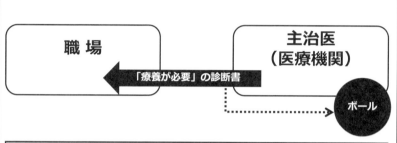

主治医から「療養が必要」の診断書が出された
≒　「ボール」は主治医・医療機関が持っている

⇒ 職場は必要以上に、本人への接触、情報収集を行わない
　治療と療養のための環境をつくることが大切
　（本人との連絡方法、人事・服務上の説明等）

POINT

職場は、必要以上に本人と接触せず、「がん罹患社員が安心して療養することができる環境づくり」に徹することが重要である。安心して療養できるよう、病休制度を確認し、身分保障期間や、療養中の給与、傷病手当金等の申請に関する情報等を伝えたい。

治療の段階では、「職場が必要以上に本人と接触しないこと」が大切です。がんに限らず、メンタルヘルス不調や脳卒中の療養などにも共通していえることですが、主治医から「療養が必要である」旨の診断書が提出されたということは、「ボールは病院・主治医が持っている」ということです。良かれと思って、あれやこれや、会社から本人にアプローチすることは好ましいことではなく、トラブルを招く可能性もあります。「ボールが病院・主治医にある」限り、職場としては、がん罹患社員が安心して療養することができる環境づくりに徹してください。

　ただし、人事や服務に関する事項は、本人に伝えておくほうが望ましいでしょう。特に、いつまで身分保障されるのか（社員として籍を残してもらえるのか）は、きちんと伝えておくべきです。たとえば、「会社の規定では、7月28日までは年休で休めて、7月29日からは欠勤（病休）になります。12月31日までは会社に籍がありますから、治療が一段落したら、上司にでも総務課にでもいいので連絡をしてください。診断書は随時提出してください」などといった事項を伝えましょう。加えて、療養中の給与、傷病手当金等の申請等に関する情報も伝えておきましょう。これらの情報は、安心して療養するために不可欠な情報ですので、本人にしっかりと伝えておくことはとても重要なことです。

　本人が会社に来ることができないのであれば、これらの事項についてまとめた文書を郵便等で確実に本人もしくは家族に送り、その郵便の記録も保存しておくことが望まれます。

【療養開始期・療養期】
療養中の社員のデータ管理

上司・総務人事労務担当者・産業医の情報の共有が必要

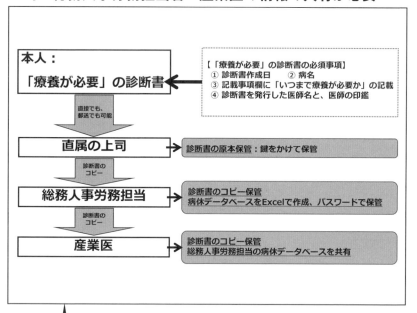

POINT

病気欠勤や病休での療養が必要な社員については、データ管理が必要である。診断書に基づくデータベースを作成するとともに、上司・総務人事労務担当・産業医で共有したい。

年次有給休暇の範囲では療養が終わらず、病気欠勤や病休で療養する社員の場合、データ管理が必要となります。

　まず、療養が必要な場合は、本人もしくは家族から、主治医の『療養が必要』の診断書を会社宛に郵送してもらうか直接持参してもらいます。『療養が必要』の診断書の必須事項としては、①診断書の作成日、②病名、③記載事項欄に「いつまで療養が必要であるか」の療養期間の記載、④診断書を発行した医師名と医師の印鑑――があります。特に漏れやすいのは、療養期間の記載です。がん罹患社員本人や家族には、「主治医の先生に診断書の作成を依頼する際には、これらの事項について確実に記載していただいてください」と伝えてください。

　診断書の原本は、直属の上司が、鍵のかかる場所に保管することが望ましいでしょう。スペース等の問題でそれが難しい場合には、総務人事労務担当者が代理で、鍵のかかる場所に保管します。

　診断書原本のコピーは、直属の上司から総務人事労務担当、そして産業医に、紙ベースか添付ファイル等で送り、社内で情報を共有します。総務人事労務担当は、診断書のコピーを紙ベースか電子ベースで保管しますが、今後の病気欠勤・病休データの管理のために、Excel等でデータベースを作成しておくことが望まれます。

【療養開始期・療養期】
健康情報の漏えい等の防止

健康情報は「不必要に知られたくない個人情報」

健 康 情 報 やってはいけないことリスト

- ☐ 診断書を周囲の社員に開示する
- ☐ 診断書等を紛失する
- ☐ 病休データの紛失・漏えいをする
- ☐ 電話口で大きな声で、がんで療養中の社員の話をする
- ☐ 居酒屋などで、知り得た情報をべらべらと話す
- ☐ 本人の了解なく、
  　　　　主治医と面談する
- ☐ 本人の了解なく、
  　　　　産業医等が知り得た情報の開示を要求する

POINT

健康情報は、「絶対に不必要に知られたくない個人情報」である。

健康情報を知り得る立場にある直属の上司や総務人事労務担当、

産業医等は、健康情報の保護・管理を徹底しなければならない。

健康情報の保護は、徹底しなければならない事項です。診断書等の健康情報を含んでいる書類の紛失やデータの漏えい等がないよう、データの管理に最大限の注意を払うことはもちろんですが、普段、周囲の社員とコミュニケーションをとる際にも注意しなければならないことが多々あります。

　まず、診断書の原本・コピー等を、社内手続等で健康情報を扱わざるを得ない人間以外に開示することは、絶対に行ってはなりません。ある社員が療養するとなった場合、「どうして○○さんは休んでいるのですか？」と聞かれることもあるでしょうが、がんであることや、がんの種類などを、同僚等に伝える必要性はまったくありません。「体調不良で、しばらくの間、療養することになりました」ぐらいのニュアンスでとどめておくべきです。

　がん罹患社員本人に、がんのステージなど、詳しい状況を聞くのも控えるべきです。上司から「がんのステージはいくつ？」などと聞かれたら、社員としては、利害関係上、答えなければならないように感じてしまうかもしれません。こうしたセンシティブな情報は、極めて慎重に扱うべき情報であることを認識すべきでしょう。また、本人の了解なく、主治医と面談しようとしたり、産業医等が知り得た健康情報を教えるように要求したりすることも御法度です。

　電話等で、大きな声で、がん罹患社員本人と療養のことなどについて話をすると、周囲の社員の耳に入ってしまう可能性もあります。席を外して、誰もいない場所で小声で話すなど、細やかな配慮も求められます。

がんと ともに はたらく 体験談 **9**

患者も家族も
その人らしく生きるための
就労支援

社会保険労務士　吉川和子・石川光子

　私達姉妹は、共に社会保険労務士という仕事をしている。業界でも姉妹で社会保険労務士をしているのは珍しい方だと思うが、社会保険労務士を目指したのは、私達姉妹が母をくも膜下出血で突然亡くした翌年、その悲しみが癒えないなか今度は父が膀胱がんであることが判明したことで、特に話し合ったわけではないが、社会保険労務士事務所を開いていた父と、父の築き上げてきた仕事を守りたいとの思いがお互いに芽生えたからだろう。

　がんが判明した父は、かかりつけ医の紹介で都内の某大学病院で内視鏡によるがん摘出手術を受けた。しかし、執刀医の話では「がんを切除する際、大量出血したため内視鏡でがんを把握できず、全てを取り切ることができなかった」とのこと。執刀医はそれを失敗と思われたくなかったのか、患者やその家族に対するドクターハラスメントが徐々にひどくなり、その医師との信頼関係が崩れたことで、父は積極的な治療を受けなくなった。

　その後、縁あって別の大学病院で膀胱全摘出手術を受け、ストマを付け仕事を続けてきた父だったが、初回の手術から十数年後、残念ながらがんは骨に転移し、どんどんとその症状を悪化させていく

ことになる。医師に相談すると、緩和ケア病院へ入院させるようアドバイスをもらったのだが、父は自宅での療養を希望したため、私達は父らしく人生を生ききらせてあげたく父の願いを叶えることにした。

　当時、すでに姉妹で社会保険労務士の資格を取得し、姉は父のもとで修業をし、妹は社会保険労務士の業務の幅を広げるために労働基準監督署で総合労働相談員の職に就いていたのだが、父の看護生活に入るため妹は労働基準監督署を辞め看護に専念、姉は父の仕事を全て引き継ぐ事で、私達の父の自宅看護生活はスタートした。

　看護は、訪問看護師と訪問医師が毎日、自宅に来て父の苦痛を和らげるよう全力を尽くしてくれたおかげで、看護する家族の心の負担は少し軽減されたものの、薬の作用により昼夜逆転の生活となってしまった父に付き合い、父が亡くなるまでの6か月間、妹の睡眠時間は一日2時間ほどという生活となった。当然、社会保険労務士の仕事は出来ず完全に廃業状態となり、おそらく社会保険労務士への復帰は難しいだろうなと将来への不安を抱えつつ日々過ごしてい

147

たが、そんな生活はやがて父の死を迎えることで終止符を打った。

　父は、仕事を通して人が助かる事を基本に生きてゆくことを使命としていた。だからこそ私達は自宅看護を選択し、父の思いを仕事に表し続ける姿を父に見せることで、父らしく人生を生ききらしかった。その点は親孝行ができたのではないかと私達は満足している。ただ、たまたま６か月間だけで済んだものの、特に妹の、廃業状態にあった時の仕事ができない焦りは大きかった。

　今回の経験は、がんに罹患した人をその人らしく生きてもらうための就労サポートだけではなく、それと同時に看病にあたる家族もまた、その人らしく生き続けるために職（生活の糧）を失う環境下に置いてはならないと強く思えるものとなった。
　人はそれぞれ価値観が違う。就労支援だけが、その人らしく生きるための手段ではないだろう。ただ病気を原因として、患者もその家族も就労の場を失うことはあってはならない。そんな強い思いから、現在では同じ志を持った社会保険労務士とともにグループを組み、医療関係者、がん患者及びその家族、企業へのサポートを行うことで少しでも就労環境を整えることができるよう就労支援活動をライフワークとして行っている。

がんとともにはたらく

母が教えてくれたこと

こころも元気に
~産業看護職より

平山奈津子
（平成 28 年 7 月）

大切なものを失ったとき、今日という日は二度と繰り返すことができないのだと痛感します。

私は先月　母を亡くしました。
母は病気を受け入れ、病気と闘い、病気と共存しながら一生懸命頑張って生きました。
その姿は　どのように生きて命を全うするか、
人生の最期の時まで『主体的に生きる』　ということを私に教えてくれました。

人は寝たきりになって体が弱っても　自分の生き方を自分で決める力や強さがあるのです。

私は母が亡くなってから、もっと出来たことや
してあげたかったことがたくさんあったと悔やみました。
出来ることは幸せなことだったとわかりました。

生前、母が伝えてくれた「ありがとう」の言葉がふと浮かび
亡くなってからも、私を励まし　ささやかなことでも人の役にたてる
喜びを思い出させてくれました。

「ありがとう」は　もっとも純粋で人に勇気を与えてくれる感謝の言
葉なのですね。

「大切なのは物じゃないよ」と話してくれた母でしたが
身の回りの全てのものを　とても大事に使っていました。
母が残してくれたものには、こころが宿っているようです。

母の思いを大切にし　その心を慈しみながら
子供たちに伝えていくことが　私に出来ることだとわかりました。

『いまここ』を　真剣に生きていくこと。
昨日でも明日でもない『今日』を　精一杯生きると決めること。
そうすることがきっと　一歩踏み出す勇気に繋がるのだと思います。

【復職期】
復職するための4つの要素

「働くことができるレベル」まで回復できたかがポイント

復職するための4つの要素
①日常生活に大きな支障を来す症状がない【疲労・症状等】
②復職する意思が十分にある【就労意欲】
③就労に必要な労働等が持続的に可能である【就業能力】
④職場が受入れ可能である【職場の復職支援／労働負荷】

2段目

働くことができるレベル
④職場が受入れ可能【職場の復職支援／労働負荷】
③就業に必要な労働等が持続的に可能【就業能力】
②復職する意思が十分にある【就労意欲】

1段目

日常生活が『普通に』できるレベル
①日常生活に大きな支障を来す症状がない【疲労・症状等】
（疲労・疼痛等の症状の有無、睡眠、メンタルヘルス等）

POINT

主治医の「復職可能」との診断書は、「日常生活が『普通に』できる」ことと、「復職する意思が十分にある（就労意欲がある）」ことの証明にすぎない。復職判断の際に重要なのは、「就業に必要な労働等が持続的に可能であるか」と、「職場が受入れ可能か」の評価・見極めである。

「がん治療で療養の後、主治医の『復職可能』との診断書を提出してきた社員がいるのですが、どのように判断・配慮したらよいのでしょうか?」——こんなご相談をよく受けます。

　病院での治療を経て退院し、日常生活はそれなりに送れるようになったからといって、すぐに復職できるとは限りません。治療の継続、がん自体の症状や治療の副作用による体調不良、不眠症やメンタルヘルス不調など、大変な状態にあることも多いですし、体力が元通りに回復していないことも多々あります。このような状態では、働くことは困難でしょう。

　「日常生活が『普通に』できる」レベル（左ページの図中1段目）まで回復したことは、復職の前提条件にすぎません。復職するためには、これにプラスして、「就労意欲（図中②）」「就業能力（図中③）」「職場の復職支援（図中④）」があることが求められます。この4つの条件を満たして初めて、「働くことができる」レベル（図中2段目）に達したと判断することができ、これをもって復職認定されるべきなのです。

　「主治医の『復職可能』との診断書が提出された」ということは、①と②の条件を満たしていることしか意味しません。復職後に就労を継続することができるかを判断するためには、③と④の条件についても評価するべきです。

【復職期】
職場は「病院」や「リハビリ施設」ではない

「職場でできること／できないこと」の整理が必要

「復職可能」の診断書が提出されても…
- ☑ 職場は、病院やリハビリ施設ではない
- ☑ 職場は、利害関係が渦巻く、利益を求める組織

「復職可能」の診断書
両立支援ガイドライン

主治医
（医療機関）
看護師
就労コーディネーター

働くことが
できるレベル

日常生活が
『普通に』できるレベル

復職面談で、
適切な復職判定と、
利害関係の調整が必要

POINT

職場で「できもしないこと」をやろうとすれば、がん罹患社員以外のスタッフとの不公平性の事例を生むことになり、リスクにもつながる。企業として、配慮できるところと配慮が難しいところを整理して、利害関係を調整しながら、両立支援を進めていくことが求められる。

治療と就労の両立支援を考える上で留意しなければならないのは、「職場は、病院やリハビリ施設ではない」ということです。両立支援はあくまで「職場」という組織の中でなされるものですから、当然、できることもあれば、できないこともあります。企業が、利害関係が渦巻く組織であり、生産性を高めて利益を上げ社会貢献することを第一としている以上、患者さんを多職種の人たちが支えてくれる病院やリハビリ施設のように、患者さんにとって理想的に物事を進めることは困難なのです。

　このようなことを踏まえれば、企業としては、「復職可能」との診断書が提出されたら、復職面談を設定して、その場で「適切な復職判定」と「利害関係の調整」を実施していくことが重要です。この復職面談には、復職を希望する社員、直属の上司、産業医、これに加えて、できれば総務人事労務担当の参加が求められます。

　復職を検討する上でのポイントは、次のとおりです。

☑ **がん罹患社員の復職後の5年継続勤務率は約5割**（☞ 94ページ参照）　←復職時はグレーな状態

☑ **多くの主治医は忙しい中、本人寄りに「就労可能」の診断書を書かざるを得ないのが現状**

☑ **職場は、病院やリハビリ施設ではない**
　⇒「我が社では、このレベルまで回復していることが復職の条件だ」としてもよいのが、本来の復職

【復職期】
会社が復職時に留意すべきこと

検討の前提として診断書を提出させる

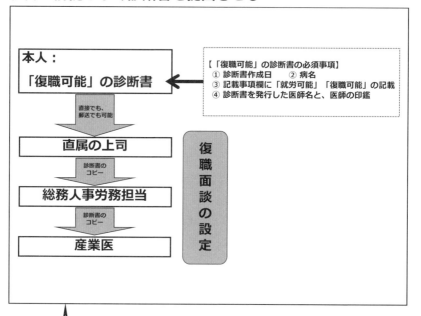

POINT

療養中のがん罹患社員より「職場に戻れそうだ」との連絡を受けたら、後のトラブルを防止するためにも、主治医の「復職可能」との診断書の原本の提出を求める必要がある。医学的に就労可能な状態であることを診断書で確認してから、復職のための検討に入ろう。

療養していたがん罹患社員が「職場に戻れそうだ」と会社に伝えてきたら、まず、主治医の「復職可能」の診断書を会社に提出するよう、本人に伝えてください。主治医が「医学的に就労できる状態であること」を証明するのが、「復職可能」の診断書です。

　状態を確認しないまま働かせて、何か問題が起こっては大変です。必ず「復職可能」との診断書の原本を提出させ、医学的に就労可能な状態であることを診断書で確認してから、職場復帰のための検討に入ることが大切です。

【復職期】
復職面談の設定

効果的な復職面談のために準備すべきことは多岐にわたる

復職面談の設定

復職面談の場所	会議室や医務室など（プライバシーが保たれる場所）
復職面談の時間	１人30〜60分で設定（就業時間内） ※産業医の訪問に合わせて、総務人事労務担当が設定
復職面談の参加者	本人、直属の上長、産業医　　（総務人事労務担当）
産業医面談票	産業医面談票を復職面談対象者に事前に渡す 必要事項を記入のうえ、指定の時間に産業医面談を受けさせる
準備物	☑本人の健康診断や今までの経緯の記録 　※特に、療養期間、残りの年休日数等がわかるもの ☑主治医の「復職可能」の診断書のコピー ☑産業医の意見書（産業医に記載してもらう）

POINT

復職面談は、プライバシーが十分に保たれる場所で、30〜60分
程度で行いたい。参加者は、本人、直属の上長、産業医のほか、
できれば、総務人事労務担当も加えて実施できると効果的である。

主治医の「復職可能」との診断書を確認したら、復職面談を設定します。復職を希望するがん罹患社員本人、直属の上長、産業医のほか、できれば総務人事労務担当も加えて実施することが望ましいでしょう。

　面談の対象となるがん罹患社員は、長期間の療養を経て、久しぶりに会社に出社することになります。多くの社員と顔を合わせることになるような場所より、あまり人の目に触れないところで面談を行うことが好ましいでしょう。話し声が外に漏れないなど、プライバシーが十分に保たれる場所で行うのは当然です。

　面談の時間は、就業時間内で、30〜60分程度で設定するのがよいでしょう。たとえば健康診断の事後措置の面談や過重労働面談であれば15分程度で行うのが一般的ですが、復職面談では、治療内容や、現在の就業能力、職場の受入れ状況など、確認すべき事項が多いため、多少長めに設定するほうがよいと思います。

　面談にあたって活用したい「産業医面談票」を次ページに示します。面談の前にがん罹患社員に渡し、記入しておいてもらうと、面談がスムーズに進みます。

　なお、産業医面談票に記載された内容は、産業医のみが知り得る健康情報等ですので、面談票の取扱いには細心の注意と配慮が必要です。産業医が自身で厳重に保管するか、「産業医のみ閲覧可能。産業医以外の閲覧を禁ずる」などとラベルを貼ったバインダーにまとめて、鍵のかかる場所に保管することが求められます。

（産業医面談問診票）

産業医面談問診票

<table>
<tr><td rowspan="18">本人記載欄</td><td colspan="2">（フリガナ）</td><td>役職</td><td>性別</td><td colspan="2">生年月日</td></tr>
<tr><td colspan="2">氏名</td><td></td><td>男性
女性</td><td colspan="2">年　月　日生（　歳）</td></tr>
</table>

本人記載欄	（フリガナ）		役職	性別	生年月日	
	氏名		役職	男性 女性	年　月　日生（　歳）	
	所属部課名	現職場の勤務年数	□正社員　　□契約社員　　□派遣社員 □その他（　　　　　　）		
		年　　月		
	仕事の内容	異動前の職場名	職場構成	
			上司（役職・氏名）	担当　名	

本人記載欄

所属部課名　／　現職場の勤務年数　年　月
□正社員　□契約社員　□派遣社員　□その他（　　）

仕事の内容　／　異動前の職場名　／　職場構成
上司（役職・氏名）　　担当　名

直近3ヶ月の残業時間
先々月＿＿＿＿時間　先月＿＿＿＿時間　今月＿＿＿＿時間　｜体重　　　　kg　本日の血圧
（増・不変・減）　　　　　／　　　mmHg

【生活形態】□家族と同居　□一人暮らし　□単身赴任　□その他（　　）
【通勤時間（片道）】自宅から会社まで＿＿＿時間＿＿＿分：（通勤経路）
【交通手段】□車　□自転車　□公共交通機関（電車等）（最寄駅：　　　）□その他（　　　）

【今までにかかったことのある病気】	【現在治療中の病気】
□なし　□あり（　　　　　　）	□なし　□あり（病名：　　　　）

☆最近1か月の平均的な生活時間帯や生活の状況を記入し、チェックを入れてください

● 起床（ 時 分）　● 会社到着（ 時 分）
● 退社（ 時 分）　● 就寝（ 時 分）
● 睡眠時間（ 時間）　● 熟睡感（あり・なし）
□寝つきが悪い　　□夜中に何度も目が覚める
□明け方に目が覚めて眠れない
●体調 □良い □まあ良い □少し悪い □悪い
（あなた本来の気力・体力を100%とすると）
　　　　現在の気力・体力は、（　　）%
●朝食 □毎日食べる □時々 □食べない
●昼食 □毎日食べる □時々 □食べない
●喫煙 □吸わない □やめた □吸う（ 本/日）
●飲酒 □飲まない □飲む（ 合/日× 回/週）
☆当てはまる症状にチェックを入れてください
□頭痛　□めまい　□食欲低下　□吐き気
□風邪気味（□鼻水 □のどの痛み □咳）
□動悸　□息切れ　□胸痛　□胃痛　□下痢
□便秘　□だるさ　□腰痛　□むくみ
□心理的苦悩（具体的には・・・　　　　）

●仕事で困った時、同僚は頼りになる
□そうだ □まあそうだ □やや違う □違う
●仕事で困った時、上司は頼りになる
□そうだ □まあそうだ □やや違う □違う
●仕事に集中したり、決断できないことがある
□全くない □週に（　）回は思う □毎日思う
●わけもなく朝から疲れた感じがすることがある
□全くない □週に（　）回は思う □毎日思う
●気分が沈んだり、憂鬱でしょうがないことある
□全くない □週に（　）回は思う □毎日思う
●不安で、心が落ち着かないことがある
□全くない □週に（　）回は思う □毎日思う
●これまで楽しくやれていたことが楽しくないことがある
□全くない □週に（　）回は思う □毎日思う
●自分が居ない方が仕事が上手くいくと思うことがある
□全くない □週に（　）回は思う □毎日思う
●自分なんて、消えてしまっても良いと思うことがある
□全くない □週に（　）回は思う □毎日思う

☆最近1か月で自宅・会社で全く仕事をしない日（休日）は何日ありましたか？
□土日（休日週二日）はいつも休めた　□休日出勤は月に（　）日あった
☆「自分の人生を楽しんでいる」という時間がありますか？
□なし　　□あり（具体的には・・・　　　　　　　　）
☆これから1～3か月の超過勤務の見通しはどうでしょうか？

産業医記入欄

□自己チェックの指導　□生活改善指導　□医療機関への受診勧奨

面談日　年　月　日　医師サイン

※職場への情報提供：了解・拒否

（がん罹患社員対象復職面談問診票）

（様式）

がん罹患社員対象　復職面談問診票

面談日	年　　　月　　　日

性別	生年月日	入社年数	職位	社員区分
男 女性	年　　月　　日生（　　歳）（　　）年		□管理職 □管理職でない	□正社員　　　□契約社員 □派遣社員　□その他（　　　　）

☆当てはまるものにチェックを入れ、できる限り詳細に教えてください

【療養の原因となったがんの病名】（　　　　　　　）がん

【治療内容】□手術（どんな手術？：　　　　　）□腹腔鏡を使った手術　□胃・大腸などの内視鏡を使った手術
□抗がん剤治療（治療期間は、　　年　　月頃から　　ケ月間）　□放射線治療　□その他（　　　　　　　）

【休んでいた時期】　　年　月　　日頃から　　　年　月　　日頃まで

【入院していた日数】約　　　日　【復職日もしくは復職予定日】　　年　　月　　日

【現在内服中の薬を（分かる範囲で）詳しく教えてください】

【今後の治療予定】□抗がん剤治療　□放射線治療　□その他（　　　　）　□分からない

（治療開始時期・期間など分かる範囲で・・・）

【今までにかかったことのある病気】	【現在治療中の病気】
□なし　□あり（　　　　　　　　　）	□なし　　□あり（病名：　　　　　　　）

【通勤時間（片道）】　自宅から会社まで（片道）　　時間　　分：

【交通手段】□公共交通機関（電車等）（自宅の最寄駅：　　　　）（会社の最寄駅：　　　　　）
　　　　　　□車　□自転車　□その他（　　　　　　　　）

【通勤経路を詳しく書いてください（例：○○駅何時何分の電車に乗り、○○駅で乗り換え・・・）】

<table>
<tr><td rowspan="17">本人記載欄</td><td>

【職種】□事務職　□営業職　□技術職　□研究職　□その他

具体的な仕事内容：（　　　　　　　　　　　　　　　　　　　　）
□立ち作業がベースの職場　□座り作業がベースの職場　□熱中症の恐れのある熱源のある職場
□物を運ぶ職場（最大　　kg）□高所作業を伴う職場　□足腰をよく使う職場　□長時間の運転（約　　km）
□神経を集中しなければならない作業を伴う職場　□業務量が多い職場　□移動が多い（徒歩等）

【生活状況】□家族と同居　□一人暮らし　□単身赴任　□その他（　　　　　　）
【家族の就労状況】□自分ひとりで稼いでいる　□共働き　□その他（　　　　）

☆現在の平均的な生活時間帯や生活の状況などを記入し、チェックを入れてください

</td></tr>
</table>

● 起床（　時　分）　　● 会社到着（　時　分） ● 退社（　時　分）　　● 就寝（　　時　分） ● 睡眠時間（　　時間）　● 熟睡感（あり・なし） □寝つきが悪い　　□夜中に何度も目が覚める □明け方に目が覚めて眠れない ●体調　□良い　□まあ良い　□少し悪い　□悪い ●（あなた本来の気力・体力を100%とすると） 　　　現在の気力・体力は、（　　　）% ●朝食　□毎日食べる　□時々　□食べない ●昼食　□毎日食べる　□時々　□食べない ●喫煙　□吸わない　□やめた　□吸う（　本/日） ●飲酒　□飲まない　□飲む（　合/日×　回/週） ☆当てはまる症状にチェックを入れてください □頭痛　□めまい　□食欲低下　□吐き気 □風邪気味（□鼻水　□のどの痛み　□咳） □動悸　□息切れ　□胸痛　□胃痛　□下痢 □便秘　□だるさ　□腰痛　□むくみ □心理的苦悩（具体的には・・・　　　　　　　　）	●仕事で困った時、同僚は頼りになる 　□そうだ　□まあそうだ　□やや違う　□違う ●仕事で困った時、上司は頼りになる 　□そうだ　□まあそうだ　□やや違う　□違う ●物事に集中したり、決断できないことがある 　□全くない　□週に（　）回は思う　□毎日思う ●わけもなく朝から疲れた感じがすることがある 　□全くない　□週に（　）回は思う　□毎日思う ●気分が沈んだり、憂鬱でしょうがないことがある 　□全くない　□週に（　）回は思う　□毎日思う ●不安で、心が落ち着かないことがある 　□全くない　□週に（　）回は思う　□毎日思う ●これまで楽しくやれていたことが楽しくないことがある 　□全くない　□週に（　）回は思う　□毎日思う ●自分が居ない方が仕事が上手くいくと思うことがある 　□全くない　□週に（　）回は思う　□毎日思う ●自分なんて、消えてしまっても良いと思うことがある 　□全くない　□週に（　）回は思う　□毎日思う

今、一番辛いことは何ですか？（　　　　　　　　　　　　　　　　　　　　　　　　　　　　）

<table>
<tr><td rowspan="8">産業医記載欄</td><td>

□精神科医のフォローアップが必要　□精神科に通院中である（　）週に一回通院中　（内服薬：　　　　）
□体力低下あり
□症状（上記の自覚症状以外に…
□職場での配慮が必要な状況（□フルタイム勤務が難しい　□時間外労働は難しい　）
　（□分食が必要　□勤務時間中に頻回にトイレや休憩する可能性が高い　□長時間の立ち作業が難しい）
　（□その他の配慮が必要（具体的には…　　　　　　　　　　　　　　　　　　　　　　　　　　　））
□求められる仕事を実施可能　□職場での良好な人間関係を構築可能
□十分な就労意欲がある　　　□職場が現在の状態で復職を受入れ可能

</td></tr>
</table>

161

【復職期】
復職面談の実施

復職面談でベターな"落としどころ"を探る

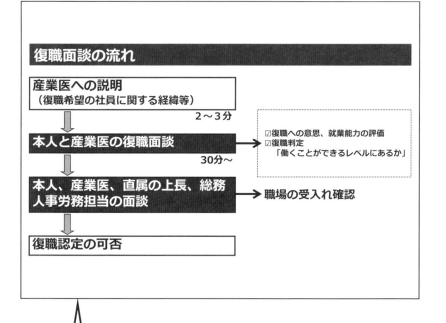

POINT

復職を希望するがん罹患社員本人、産業医、直属の上長の三者（可能であれば、総務人事労務担当を加えた四者）でベターな"落としどころ"を探るのが復職面談である。本人の状況と職場の状況とを勘案して、適切な判断を行いたい。

「復職の壁の高さ」を決めるのは、企業です。復職面談にあたっては、会社側から産業医に対して、あらかじめ、
　「もとの職場への復職が原則」
　「営業のバックヤードに配置を変えるなどの柔軟な対応が可能」
　「フルタイム勤務ができないと、復職を認めることは社内的に難しい」
　「半年くらいであれば、短時間勤務を認めてもよい」
……といった、復職の条件を提示しておくとよいでしょう。産業医が、どのように調整していけばよいのかを考えるための、判断材料となるからです。

　復職面談の場では、産業医が、本人が記載した「産業医面談票」の内容を参考にしながら、面談を進めていくことになります。これまでの経緯と治療内容、現在の体調、復職への意思、就業能力を客観的に評価し、「受入れ予定の職場での作業に関して、現在の状態は働くことができるレベルにあるのか」を判断していきます。その後、本人、産業医、直属の上長（可能であれば、総務人事労務担当も加えます）で、本人の復職への希望と就業能力、産業医の意見、職場の受入れの準備等を勘案して、ベターな"落としどころ"を探ることになります。

　協議の結果、受け入れる職場、仕事の内容、勤務時間が決まったら、「復職認定」です。復職面談の終わり際に、「復職に関する意見書」を産業医から会社側に提出させて、これを会社は鍵のかかる場所に厳重に保管します。

163

【復職期】
復職判定のポイント

評価すべきは「安定した通勤・勤務が可能か」

復職判定のポイント
☞職場は、病院やリハビリ施設ではない。利害関係が渦巻く、収益を求める組織
☞主治医の「復職可能」の診断書の確認は必須にすべき

生活リズムの確認（「日常生活が『普通に』できるレベル」か？）
☑安定した勤務ができる生活リズムが継続しているか？

就労意欲の確認

就業能力の確認（「働くことができるレベル」か？）
☑必要な頭脳労働・肉体労働が可能か？
☑一定時間、集中力が持続するか？　考える力があるか？

職場の受入れ態勢の確認
☑復職する職場（本人の希望を含めて）、仕事内容、勤務時間、管理監督者

治療と就労の両立に関する環境の確認（通院時間の確保等）

POINT

復職判定は、企業、職位、職種、雇用形態、勤務時間、作業場所、仕事内容など、さまざまな内容を勘案して行うこととなるため、マニュアル的に判断することは難しく、原則として個別に対応することとなる。事例による不公平を避けるためには、ある程度の基準を設けたうえで、個別に判断することが望ましい。

復職判定とは、簡単にいってしまえば、「復職希望者は、安定した通勤・勤務が可能であるか」を判断するものです。その判断には、企業、職位、職種、正規雇用なのか非正規雇用なのか、勤務時間、作業場所、仕事内容……さまざまな要因が関わってきます。マニュアル的に判断することは難しいため、原則として個別に対応することになりますが、事例による不公平を生ずる懸念もあります。ある程度の基準に基づいて判断するほうが平等と考えられる場合もあります。その意味で、左ページの「復職判定のポイント」は大いに参考にしていただけるものと思います。

　あわせて、下図を念頭に置いていただけると、チェックすべき項目も見えてきます。

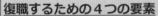

　「毎日、大宮から新宿まで、通勤ラッシュの中、通勤できるだろうか」「上司のさまざまな指示をこなしていけるだろうか」「暑くて、溶剤のにおいの強い現場の中、働いていけるだろうか」「立ち仕事しかない現場で、フルタイム勤務を続けられるだろうか」……就業能力と職場の復職支援の判断は、極めて重要なことです。

【復職期】
復職判定チェックリスト（1）

診断書の確認と治療状況の確認

☐ 主治医の「復職可能」の診断書を確認

☐ 治療状況の確認

   ☐ 受診中の医療機関：

   ☐ 主治医：

   ☐ 病名：

   ☐ 現在の内服薬：

   ☐ 今後の受診間隔：
    約（   ）に1回

   ☐ 今後の検査：

   ☐ 今後の治療方針：
      ☐ 手術予定：
      ☐ 化学療法予定：
      ☐ 放射線治療予定：

☐ 主治医に確認する必要性あり（照会状）

ここでお示しするのは、筆者が作成した、簡単な「復職判定チェックリスト」です。産業医が復職判定する際の参考に使っていただくものですが、ある程度、企業の参考にもなると思います。

＊＊＊

　復職判定にあたっては、まず、主治医の「復職可能」との診断書を提出してもらい、その内容を確認します。

　次に、がんと診断された経緯、治療状況についての情報を集めます。これまでどのような病気になったことがあるのか（既往歴）、今回のがんはどうやって見つかり、どのような治療がなされてきたのか（現病歴）は、とても大切な情報です。主治医の名前と医療機関名、現在内服している薬があるなら、お薬手帳か口頭で、その情報を収集します。

　今後の治療計画についても、確認する必要があります。抗がん剤治療や放射線治療を行えば、その副作用により、就業にも影響が出ることがあるからです。加えて、本人が主治医から聞いていれば…ですが、再発の可能性や５年相対生存率、職場で配慮すべきことについての主治医の意見等の情報も収集します。不明な点があれば、産業医から主治医に照会状を出し、さらなる健康情報を得ることも少なくありません。

【復職期】
復職判定チェックリスト（2）

復職時には、本来の 7 割以上の体力が必要

□ **体力が就労に耐えうる状態である**

　　□「療養前の体力を 100 とすると、今は（　　　）%」

□ **生活に支障を来すほどの症状ではない**

　　□ 疲労　　　　　□ 疼痛（頭痛・腹痛・その他）

　　□ 食欲不振・悪心・嘔吐等　　□ 便秘・下痢等

　　□ 呼吸障害・息切れ　　　　　□ 浮腫

　　□ その他（　　　　　　　　　　　　　　　　）

□ **睡眠状態は良好で、メンタルヘルス不調の兆候**
　　はない

　　睡眠時間：＿＿時間

　　入眠時刻：　　　　　起床時刻：

　　□ 入眠困難　　　□ 中途覚醒　　　□ 早朝覚醒

　　□ 朝寝・昼寝を週 2 日以上する　□ 気分の落込み

　　□ 不安感・焦りが強い　□ その他（　　　　）

　　□ 精神科医等のフォローアップが必要

「日常生活が『普通に』できるレベルにあるか」の評価を行います。

まず、「体力か就労に耐えうる状態であるのか」をチェックします。復職面談時に、「療養前の元気な時の体力・気力、本来のエネルギーを100%とすると、今は何%ですか？」と尋ねるとよいでしょう。

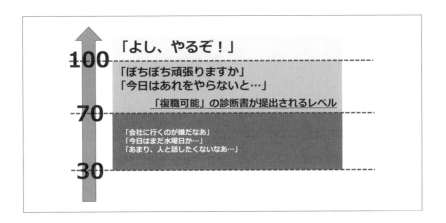

就労の目安として、本来の70%以上の体力を保持していることが必要です。がん治療等に伴う体力低下（CrF）は、個人差が大きく、また個人の中でも日間変動（「月曜は70%だが火曜は60%」）と日内変動（「朝は80%だが夕方は60%」）が大きいため評価しづらいのですが、体力は、がん治療と就労を両立していくための肝ですから、ある程度評価しておくことが大切です。

また、生活に支障を来すほどの症状（疲労、疼痛、食欲不振、吐き気・嘔吐、便秘・下痢、息切れ、浮腫など）の有無についても確認します。メンタルヘルス不調や睡眠障害、心理的苦悩等の状態にあることもあります。「睡眠時間が毎日3時間程度で極端に短い」、「不安な気持ちが強く日常生活にも差支えがある」場合などには、精神科でのフォローアップが必要と判断することもあります。

【復職期】
復職判定チェックリスト（3）

就業能力、職場の受入れ態勢の確認を

☐ 復職する意思（就労意欲）が十分にある

☐ 職場での配慮が必要な状況である
　☐ （フルタイム勤務・時間外労働・夜勤）は難しい
　☐ 身体に負荷のかかる作業は難しい
　☐ 分食が必要
　☐ 勤務時間中に頻回にトイレや休憩する可能性
　　あり
　☐ その他の懸念（　　　　　　　　　　　　　　）

☐ 毎日（週5日）、決められた時間に通勤できる
　通勤経路：　　　　　　　（通勤時間：　　　　　）

☐ 就労に必要な頭脳労働・肉体労働が可能（就業
　能力）
　☐ 求められる仕事を実施可能
　☐ 職場での良好な人間関係の構築が可能

☐ 職場が復職を受け入れるスタンス、受入れ可能
　である
　受入れ職場：　　　　　　　（直属の上司：　　　　　）

次に、「働くことができるレベルであるか」どうかを判断します。

まず確認すべきは、復職したい気持ち（就労意欲）が十分にあるかどうかです。そのうえで、職場での配慮が必要な状況であるかどうか、就業上の措置等の検討が必要かどうかを評価します。

就業上の措置等の検討にあたっては、「フルタイム勤務が難しい」「時間外労働は難しい」「夜勤は難しい」「身体に負担がかかる作業は難しい」「勤務時間中に、頻回にトイレや休憩する可能性あり」など、実際の働く現場で問題となると考えられることをベースに検討を行う（これを「事例性に基づいた対応」といいます）ことになります。

また、通勤手段についても確認することが必要です。電車通勤なのであれば、最寄り駅、徒歩の時間、乗車時刻など、マイカー通勤であれば、走行距離、渋滞の有無などを含めて、通勤する道も確認して、毎日安全に通勤できる状態かどうかを判断することになります。

重要なのは、やはり、就業能力の有無です。「求められる担務を、ある程度、実施することが可能かどうか」「職場での良好な人間関係の構築が可能かどうか」等は、極めて重要です。会社では、人的・時間的に余裕がない中で、皆、一生懸命に働いています。その中で、ある程度の担務を行い、良好な人間関係を維持していくことは、働く上での基本となります。

最後に、職場が受入れ可能であるかどうかを確認します。営業職が多い職場であれば、社員が商談や打合せで得られたことをまとめるようなバックヤード業務があれば、最初のうちはバックヤードで働いて、少しずつ体調が良くなってきたら誰かの営業についていくサブ的業務を行う……といった形で、徐々にステップアップしていくことができる可能性があるでしょう。しかしながら、製造業で、基本的に立ち作業ベースの職場で、事務的な作業が少なかったり、ある程度の経験がないとできないような仕事しかなかったりといった場合は、受入れが難しくなることもあります。

【復職期】
会社で行うリハビリ勤務の是非

リハビリ勤務には利点も問題点もある

会社で行うリハビリ勤務の是非

利 点

☑ **休業していた労働者の不安を和らげる**
☑ **職場の状況を確認しながら、復職の準備を行うことができる**

問題点

☑ **処遇の明示化の必要性**
☑ **万一、災害が発生した際の対応の明示化の必要性**
☑ **労務提供している状態でない　⇒労災不適応**
☑ **人事労務管理上の位置づけについて労使間で十分に要検討**
☑ **本人以外の社員への影響**

POINT

がん罹患社員の職場復帰に際し、実際に通勤・勤務をすることができるか、模擬出勤、通勤訓練、試し出勤等のリハビリ勤務により確認してもよい。

復職判定に際し、実際に問題なく通勤・勤務することができるかどうかを、リハビリ勤務をさせることにより確認してもかまいません（がん罹患社員の職場復帰にあたりリハビリ勤務を行うことは、メンタルヘルス不調社員のリハビリ勤務ほど一般的なことではありませんが……）。

　リハビリ勤務には、①模擬出勤（勤務時間と同様の時間帯にデイケアなどで模擬的な軽作業を行わせたり、図書館出勤を行わせたりするなど）、②通勤訓練（自宅から職場の近くまで通勤経路で移動し、職場付近で一定時間過ごした後に帰宅）、③試し出勤（職場復帰の判断等を目的として、本来の職場などに試験的に一定期間継続して出勤）——などがあります。

　リハビリ勤務には、長く職場から離れていた社員の不安を和らげたり、社員自身が職場の状況等を確認しながら復帰の準備を行うことができたりといったメリットがありますが、問題点もあります。特に通勤訓練、試し出勤を行わせる場合は、事業者は、通勤中や就業している間は、リハビリ勤務者についても他の労働者と同様に労働時間の管理や安全衛生の確保を行う必要があると考えられ、就業規則等であらかじめ規定しておく必要があります。また、人事労務管理上の位置づけ等についても、あらかじめ労使間で十分に検討しておかなければなりません（使用者が作業について指示を与えている、作業内容が業務（職務）に当たるといった場合には、労働基準法等が適用される場合があります。この場合、賃金等について合理的な処遇を行わなければなりません）。

173

【復職期】
復職判定

「会社として復職を認めるか」

復職判定結果

□ 復職可能

  □ 短時間勤務が望ましい

  □ フルタイム勤務が可能であるが、残業は不可

  □ 通常勤務が可能。時間外労働は月＿＿＿時間まで可

  □ 制限なし

  □ 作業内容に配慮が必要（   ）

  □ 車の運転は不可

  □ 夜勤は不可

  □ 産業医のその他の意見（   ）

□ 復職できる状態ではない（復職不可）

□ 主治医と連携（照会状等）する必要性あり

□ 今後、産業医面談が必要

  次回：   月   日   時〜

復職判定は、主治医の診断書、産業医からの意見書と口頭での説明、会社側のスタンス等を総合的に判断して、「会社として、復職を認めるかどうか」の判断を行うものです。直属の上長および総務人事労務担当者が、復職面談で得られた産業医判断を必ずしも受け入れなければならない、というわけではありません。

　産業医は、復職について重要な助言を行う立場にありますが、実際にそのとおりの判断とするかどうか、職場側として取り組むべき就業上の措置を実施するかどうかなど、最終的な決定の「ボール」は、会社が持っているものです。

　「復職の壁の高さを決めるのは、医療機関でも産業医でもなく、企業」なのです。

　ここで、復職判定の実施事例を提示したいと思います。

　S県S市にある、社員数180名の印刷工場。その総務課長宛てに、がんの治療が一段落した男性社員から、主治医の「就労可能」との診断書が提出されました。男性は、54歳の正社員、職種は事務職（営業のバックヤード）です。

【診断書提出までの経緯】

2016年

7月末	胃部不快感で精査したところ、胃がんとの診断を受ける（以後、有休・病休にて療養）
8月上旬	A医科大学附属病院にて胃全摘術施行後、退院。以後、自宅療養
10月上旬	療養が長引く。有休・病休がなくなり、欠勤状態に
12月上旬	近医のK病院の主治医より、「就労可能」との診断書が提出される
12月17日	復職面談

※2017年1月25日で退職期限満了

【男性社員の状況】
54歳・正社員、事務職
身長168cm、体重53kg、入社30年のベテラン社員
既往歴：気管支喘息
現　病：胃がん（胃全摘）
家　族：妻（自宅近くの介護施設でアルバイト勤務）
　　　　長女（高校3年生）
　　　　長男（高校1年生）
通　勤：自宅から徒歩15分で駅→電車10分→徒歩15分で職場

手術前に比べて、体重が10kg減少。
「体力がない」「若干、歩行時にふらつきがある」「夜中に目が
覚めることがある」以外は、特記すべき症状はなさそう。本人
は、早く仕事に戻りたいと話している。

主治医の見解：
「職場が許せば、短時間勤務から始めたほうがよい」
内服治療をしているが、特記すべき副作用はない。

仕事は営業のバックヤードで、作業負荷が少ない。
会社側（上長、総務人事）も受入れに好意的。

　この方の場合、睡眠障害を認めるものの、体調は比較的良好です。
通勤時間が35分と短めで、また営業のバックヤードでの作業とのこ
とで、スムーズな職場復帰が期待できる事案です。
　ただ、そうはいっても、胃を全摘して体重が10kgも減少しており、
体力もそれ相応に下がっていると考えられることから、無理はさせら
れません。
　これらを踏まえ、チェックリストを使って、復職判定のための
チェックを行ってみましょう。

☑ 主治医から「復職可能」の診断書を確認
☑ 治療状況の確認
　　☑ 受診中の医療機関：**K病院**　　□ 主治医：**K先生**
　　☑ 病名：**胃がん**
　　☑ 現在の内服薬：**抗がん剤**
　　☑ 今後の受診間隔：約（　**2週**　）に1回
　　☑ 今後の検査：**主治医と相談中**
　　☑ 今後の治療方針：
　　　　□ 手術予定：
　　　　☑ 化学療法予定：**抗がん剤の内服継続**
　　　　□ 放射線治療予定：
□ 主治医に確認する必要性あり（照会状）

☑ 体力が就労に耐えうる状態である
　　「療養前の体力を100とすると、今は（**70**）％」
☑ 生活に支障を来すほどの症状ではない
　　☑ 疲労　　　　　　　　□ 疼痛（頭痛・腹痛・その他）
　　☑ 食欲不振・悪心・嘔吐等　□ 便秘・下痢等
　　□ 呼吸障害・息切れ　　□ 浮腫
　　□ その他（　　　　　　　　　　　　　　　）
☑ 睡眠状態は良好で、メンタルヘルス不調の兆候はない
　　睡眠時間：**5時間** 入眠：**24時30分** 起床：**5時30分**
　　□ 入眠困難　　☑ 中途覚醒　　□ 早朝覚醒
　　□ 朝寝・昼寝を週2日以上する □ 気分の落込み
　　□ 不安感・焦りが強い　　　 □ その他（　　　）
　　□ 精神科医等のフォローアップが必要

☑ 復職する意思（就労意欲）が十分にある
☑ 職場での配慮が必要な状況である
　　☑ （フルタイム勤務・時間外労働・夜勤）は難しい
　　☑ 身体に負荷のかかる作業は難しい ☑分食が必要
　　□ 勤務時間中に頻回にトイレや休憩する可能性あり
　　□ その他の懸念（　　　　　　　　　　　　　）
☑ 毎日（週5日）、決められた時間に通勤できる
　　通勤経路：**S駅→R駅**　　　（通勤時間：　**35分**　）
☑ 就労に必要な頭脳労働・肉体労働が可能（就業能力）
　　☑ 求められる仕事を実施可能
　　☑ 職場での良好な人間関係の構築が可能
☑ 職場が復職を受け入れるスタンス、受入れ可能である
　　受入れ職場：**営業部営業支援1課**（直属の上司：**Y課長**）

加えて、産業医から「復職判定に関する産業医の意見書」をもらいます。

復職判定結果
☑ 復職可能
　　☑ 短時間勤務が望ましい　**会社が配慮できる範囲内で**
　　□ フルタイム勤務が可能であるが、残業は不可
　　□ 通常勤務が可能。時間外労働は月＿＿時間まで可
　　□ 制限なし
　　□ 作業内容に配慮が必要（　　　　　　　　　　）
　　□ 車の運転は不可
　　□ 夜勤は不可
　　□ 産業医のその他の意見（　　　　　　　　　　）
□ 復職できる状態ではない（復職不可）
□ 主治医と連携（照会状等）する必要性あり
☑ 今後、産業医面談が必要　　次回：**1月20日15時〜**

これらに基づいて、会社として、今回の復職希望を受け入れるか否かを検討・判断することになります。

がんと
ともに
はたらく

体験談 **10**

44 歳のある日突然、
胃がんと告知されて……

匿名希望

　ずっと胃の不調が続いていて、丁度その時期にピロリ菌が話題だったので、「自分の不調もピロリ菌が関係しているのではないか」と疑ったことと、就寝中に何度か吐き気に襲われてトイレに駆け込んだ症状が気になり、「病院で検査してみよう」と思ったことが、がんを見つけるきっかけでした。この2つがなかったら「今の私は無かったであろう」と、神に救われた気持ちでいます。

　がんが見つかり告知を受けた時に感じたことは、"自分は間もなく死ぬ"ということです。

　「がん」という病に対し、他人ががんだと知った時は「大変だろうな」「ショックだろうな」と、相手の立場になって考えていたつもりでしたが、そんな考えは自分勝手な考えでした。究極の選択として「明日が地球最後の日だったら何をしたい…」とかを友達と話すといったことは大半の人が経験していると思いますが、がんの告知は究極の選択の場であり、その場に立たされた時は何も考えることは出来ないと思いました。やっぱり、がんは、告知を受けた人しか分からない、特別な感情を生む病です。

　病状の検査を受けていく途中では、時間の流れに対してもどかしさを感じました。特に、検査までの時間、入院までの時間、手術ま

での時間が長く感じました。「こうしている間にもがんが進行して
しまう。早くしてほしい、早く、早く…」と焦る気持ちが抑えられ
ないのです。

　その後、1ヶ月くらいが経過すると、今度は自分が死んだ後の事
を考えるように気持ちが変化していきました。金銭面・生活面・将
来のことなど、考えられることは全て考えた気がしますが、これも、
何が出来る訳でもありません。家族には大事な書類から何から、全
て説明もしましたが、結局、自分に出来ることはこれくらいでした。

　病院での検査が進むにつれて、病状は進行がんの可能性が高いと
説明されました。膵臓への転移の可能性も否定できないと言われ、
最悪の状態になった時の余命（半年から1年）も宣告されました。
さすがにその時は体がこわばりました。頭の思考回路も停止し、断
崖から突き落とされた感じです。体が宙に浮いた感覚、無音の世界
に入った感覚になった事を覚えています。自分が見るものに色も無
くなってしまい、世界がモノクロになりました。「目の前が真っ暗
になった」「頭が真っ白になった」という感覚と同じなのか分かり
ませんが、これが2週間くらい続いた気がします。また、検査結果
や病状、今後のことについて医師から説明を受ける時の“怖さ”は

毎回ありました。いつ死を宣告されるのかが恐怖で仕方なく、この時は体が宙に浮いた感覚と無音の世界にいる感覚が強く現れたことを覚えています。

　入院中は傷が落ち着くまでの痛みとの格闘でした。術後直ぐの痛み、局部麻酔が切れた時の痛み、体を動かす時の痛みなど、味わったことがない尋常じゃない苦痛を味わいました。内臓を取り除いた後の腹部の落ち着きの悪さもあります。

　術後1週間後から始まる食事では、食べたら直ぐ排出される生理現象である下痢に悩まされました。汚い話ですが、1日に何度もお漏らしをしてしまいます。これは現在も調整が難しいので、「お腹がおかしい」と感じたら、直ぐトイレに行くようにしています。他には、食事中のお腹の詰まりと痛み。物を二、三口食べただけでも詰まってしまうこともあります。水をもう一口飲みたいと思って軽く口に含んで飲み込んだとたん、激痛が走ることもあります。こうなると、痛みや詰まりが解消されるまで1〜1.5時間、我慢するだけの時間になります。座っても駄目、斜めになっても駄目、噴門が無いので横になることもできず、少しでも痛みと苦しさが和らぐ体勢を見つけてじっと我慢するのです。食べられる量も圧倒的に少なくなり、自分が食べたい量とお腹に入る量が一致するまで時間がかかりました。

　現在は、無理をしなければ通常の生活に大きな支障は無くなりましたが、困ることや感じることを挙げると、次のようなものがあります。

がんとともにはたらく

身体的な面

- 空腹感と満腹感を感じない。(胃切除の影響か)
- 物を食べると血糖値が急激に上がり、脈拍が高くなり、体がだるくなり、気持ち悪くなる。(心拍数 90～100 回／分で、全ての症状が 1 時間以上続く。腸への急激な食物流入の影響か)
- 物を食べた後に体を動かすことが苦痛。(お腹の痛みと張りの影響)
- 食事後、2～3 時間で空腹 (?) になった感じで力が出なくなる。(血糖値が下がり、手足が震えるので間食を取る⇒外出時は食べ物を持参していないと辛い)
- 食事中に物が詰まり、苦しくなる。(水物でも詰まる、詰まった時は食べるのを中止して休むしかない)
- ゲップが出にくく、腹部の張りが強く苦しくなる。
- 食べる回数が多いので歯が悪くなる。
- 立ちくらみ、ふらつき、めまいなどの貧血症状が強い。
- 腹痛、下痢が多く、これらに影響するお腹の中の音が大きい。(消化が悪いと言われる食べ物を食べると必ず下痢をする。蕎麦、油分が多い食べ物など)
- 手足を中心とした、体の至る箇所でこむら返りが頻繁に起きる。
- ガス (おなら) が多く、便とともに臭いが強い。
- 乗り物の振動や揺れなどが腹部に響き、痛む。
- 持ち物などが腹部に軽く当たるだけでも痛む。
- アレルギーの症状が多くなった。(特に食べ物によるもの)
- 持病も症状が悪化。(好酸球性肺炎になる頻度が多くなった。これもアレルギー)

183

- 就寝時を含め、腸液や食べ物が逆流してくるので、平らなところに横になることが出来ない。（なっても短時間で、うつぶせは完全に NG）
- 時間に拘束される作業や会議は体調面で辛い時が多い。（下痢、おなら、空腹など。また負い目を感じる）
- 体力が格段に落ちた。（気持ちに体力がついてこない）
- 疲れが取れない、倦怠感が強い、やる気が出ないなどの症状が常にある。（人から見たら仮病）
- 体重が増えないが、食事の量が少なくなると体重が直ぐに減る。（便としての保有重量なのか）

精神的な面
- 闘病中は約束が出来ないことが辛かった。（明日どうなるか分からない不安）
- 沢山食べられないからか、いろんな物が食べたいという欲求が強くなった。
- 空腹感や満腹感が無いので、時間による食事が目安となり、ただ生きるために食べている気がして食べることが嫌になることがある。
- 外食などの食べ物は気を遣わなければならないので辛い。
- トイレを背負って歩きたいくらい、トイレを意識するようになった。
- 周囲から見たら、お腹が痛いとか、気持ち悪いとか、仮病に見られている気がする。（臓器が無くなることによる障害は一生であるが、同じような病気になった人にしか分かってもらえない）

がんとともにはたらく

- がんの告知を受けて間もない頃、がんのステージ等を興味本位で聞いてくる人や、配慮の感じられないことを聞いてくる人に腹が立った。(他人の痛みは同じ立場にならなければ分からないことを痛感している)
- 他人の病気や症状について噂したり、大病を患った人や容姿に違いがある人のことをじろじろ見たりすることは、人としてやってはならないことだと痛感した。(皆、同じように平等に考えなければならない)
- 気を遣ってくれる人には感謝している。(申し訳ない気持ちになることもあるし、親族から「本当にがんが進行していたらと考えたら、どのように接したら良いのか分からなかった」と言われた時は、家族以外の人にも心配を掛けていることを痛感した)

　時間が経つと、良いことも悪いことも記憶が薄らいでくるので、この経験・思いは一生鮮明に覚えておかなければならないと思っています。特に、人に対しての接し方など、どれほど大切なのかを病を通じ勉強をさせてもらいました。

　一時は死を考えたこともありますが、人は弱く、一人ではどうにもなりません。

　がんになって涙を流したことも何度かあります。神様・仏様にすがった時もあります。そんな時に自分を支えてくれた言葉は、「大丈夫、大丈夫、大丈夫」の繰り返しでした。この言葉、今も心の中で唱えています。

　がん含め、全ての病が完治できる時代に、早くなってほしいと望みます。

あなたには　チカラがあります

こころも元気に
〜産業看護職より

平山奈津子
（平成 28 年 9 月）

『チカラは努力』と教わった時、その言葉は私の胸に深く響きました。
それはどんなチカラも努力することで磨かれるということを表しています。

自分の苦手とすることや嫌だなと思うことの根底には『劣等感』があ
りますね。
劣等感というのは「現状は理想どおりではない」と感じることです。
劣等感もチカラに変わることを、皆さんは経験されたことはあるで
しょうか？
実は劣等感も使い方次第で、良い影響を人に与えようと働く側面があ
ります。

私が子供の頃に抱いた劣等感の一つが
『私が未熟児で生まれて　母は看病が大変で病気になった』というこ
とです。
母を病気にさせて生まれてきて良かったのか

という自分の思い込みに悩まされ苦しい時期がありました。
そして自分を主張することが苦手でした。
時間はかかりましたが、でもその劣等感のおかげで
母の愛情と苦労して生み育ててくれたことへの感謝の気持ちに気付くことが出来ました。
それが人の役に立つために何ができるだろうかと考えるチカラになりました。
そして自分の意見を伝えることは、人を傷つけることではなく
良い関係を築くために大事なことだとわかりました。
自分の気持ちに正直でいて優しくきっぱり伝えられるような
言葉のチカラを磨きたいと私は思っています。

師匠の言葉は続きます。

（○○には　あなたの目指す役割をいれてみてください）
『完全主義は捨ててください。明日は今日よりももう少しいい○○になりましょう。
明後日は明日よりもいい○○になるでしょう。けれども永久的に完璧な○○にはなれません。
人間は完全を目指しながら、永遠に不完全な存在なのです。』

自分の劣等感が何かを知ることは、それに向き合う努力や勇気がいることです。
不完全を認める勇気とは、劣等感も大事な自分の個性として認めることなのかもしれません。

187

【復職後】
会社が復職後に留意すべきこと

がん罹患社員に対しての、会社としての対応・アドバイス

会社としての対応

本人に伝えたいこと

□「安定した勤務が一番」（頑張りすぎない、無理しすぎないように）
□「定期的に主治医の診察を受けるように」
□「言える範囲内で、配慮してほしいことを伝えてほしい」

その他、必要な対応

□直属の上司は、本人と定期的に面談を行う
□突発休を認めた場合（特に、３日以上）、速やかに総務
　人事労務担当・産業医等と情報共有を図る
□産業医面談を定期的に受けさせる（例：月１回）

POINT

復職したばかりのがん罹患社員は、長期に職場を離れていたこと
に対する"後ろめたさ"から、重ねて配慮を求めることを遠慮し
がちである。会社の側から、「安定した勤務が第一」との思いや
りのある声かけを行いたい。

「復職してきたがん罹患社員に対して、どのような対応をしたらよいのかわからない」とのご相談をよく受けます。筆者は、会社として、まずは「安定した勤務が第一であること」を本人に伝えることが大切だと考えています。復職してきた本人は、「休んでしまった分を取り戻せるよう、できる限り頑張りたい」「またもとの職場で働けます」などと言うかもしれませんが、実は、『何とか頑張って出社している』という状態であることが少なくありません。しかし、長く職場を離れていた"後ろめたさ"もあって、「フルタイムで働くのは辛い」「毎日通勤するだけでヘトヘトだ」などと正直に伝えることに躊躇いを感じていることが多いのです。そんな時に、会社から「頑張りすぎないように。無理しなくてもいいですよ」「慌てず、焦らず、諦めず、でいきましょう」などと言ってもらえると、救われたような気持ちになると思います。ぜひ、思いやりのあるお声がけをお願いします。

　安定した勤務を続けるためには、言える範囲内で、会社に配慮してほしいことを伝えてもらうことも大切です。特に、定期的に主治医の診察を受けるとともに、体調不良時には速やかに病院に行くことができるようにしたいものです。「今が一番辛い時なんですから、遠慮なく、早退したりしてください」と伝えてもよいでしょう。

　さらに、直属の上司が定期的に面談を行う等により、可能な範囲で体調を確認することもとても大切なことです。外来や飲み薬での抗がん剤治療が開始されたり、放射線治療を受けることになったりして、遅刻・早退や一時的な短時間勤務が必要となることもあるからです。加えて、産業医面談により産業医等にフォローアップさせることも重要なことになります。本人の突発休や仕事の関係上、産業医面談を受けられないこともあるかもしれませんが、復職から半年は毎月1回、治療や体調に変化が見られず安定している場合には2～3か月に1回のフォローアップが一般的です。ほぼ完治したに等しい場合は、産業医のフォローアップは終了してもよいでしょう。

189

【復職後】
デスクワーク・事務職であれば働ける

がん治療と就労を両立させるためのポイント

両立のポイント

□ 望ましいのは「座り仕事」「サブ的な業務」
　☞立ち仕事や負荷の大きい作業を避けるのが望ましい
　　熱源がある現場など体力を消耗させる作業は控えたほうがよい

□ 残業は難しい

□ フルタイム勤務が難しい場合は時短勤務等を検討

□ 追加の休憩時間の設定、休憩室の整備等

□ 産業医面談を定期的に受けさせ、産業医の意見を
　ベースに対応することが望ましい

このような配慮を、復職後1年間、実施することが望ましい

POINT

「デスクワーク中心の短時間勤務」からスタートできれば、がん罹患社員の2人に1人は治療と就労の両立が可能である。治療状況や体調に合わせて少しずつ仕事の負荷を上げていくことが「理想の復職」である。

すでにお伝えしてきたとおり、治療のために長期に休職していたがん罹患社員であっても、企業の配慮があれば、治療と就労の両立は十分に可能です。

　企業側が講ずべき配慮措置として、まず、「座ってできる業務を用意すること」が挙げられます。製造業など、立ち仕事や高所作業しかないようなところでは難しいかもしれませんが、総務人事労務部門などの間接部門や、営業のバックヤード業務など、座ってできる業務がある場合は、利害関係を調整して、配置転換することが望ましいでしょう。

　業務の内容も、復職当初は、すべての責任を負う「メイン」の業務ではなく、誰かの業務をサポートする「サブ的業務」で様子を見たほうがよいと思います。ただ、これは中小企業など、人的に余裕のない企業では難しいかもしれません。

　そのほか、フルタイム勤務が難しいのであれば期間限定の時短勤務等を検討する、追加の休憩時間を設定する、休憩室を整備する（男女別で、横になることのできるスペースがあることがベスト）、産業医による定期的なフォローアップを行う——といったがん罹患社員への配慮を、復職後1年間（期間限定的に）、実施することが望ましいでしょう。そしてこの間、産業医等の意見も参考に、治療の状況や体調に合わせて、少しずつ仕事の負荷を上げていくことになります。

　特にがんは、その種類や治療の内容によって、必要となる配慮も個人差が大きいため、本人と職場、主治医等や産業医等の情報共有を密にして、調整を図っていくことが大切です。

【復職後】
管理職に求められる対応

基本は『事例性』をベースにした対応

管理職の「ひと」のマネジメント

普段から、社員の健康状態を気にかけ配慮する

服務管理をしっかり行い、事例性をベースに対応する

☞気になる具体的事実（「いつもとのズレ」）を記録しておく
☞具体的事実を「事例性」「疾病性」に分けて整理する

定期的に上長面談を実施する

**※対応が難しい場合は、総務人事労務担当・上役・産業
医との連携も必要！（ひとりで抱え込まない！）**

POINT

がん罹患社員の復職後、直属の上司には、「普段から、社員の健
康状態を気にかけて配慮をする」「服務管理をしっかりと行い、
事例性をベースに対応していく」ことが求められる。定期的に面
談を実施して、がん罹患社員が勤務の中で感じていること、辛い
こと、治療の見通しなどを聞き取り、対応を考えていきたい。

管理職の仕事には、「しごと」のマネジメント（アウトプットの最大化）と、「ひと」のマネジメント（勤務体制の整備、部下に対する相談対応）があります。このうち、「ひと」のマネジメントにおいて十分な配慮が行われている組織では、治療と就労の両立支援も、それなりにうまくいきやすいと思われます。

　がん罹患社員の治療と就労の両立支援にあたって管理職に求められるのは、「普段から、社員の健康状態を気にかけ、配慮をする」ことと、「服務管理をしっかりと行い、事例性をベースに対応していく」ことです。これを実現するためには、普段から部下の様子をしっかりと把握して、"いつもとのズレ"に気がつくことが大切です。そのうえで、気になる具体的事実について、「事例性のもの」「疾病性のもの」に区別して整理し、対応を検討することになります。

　また、月1回くらいの割合で、定期的に上長面談を実施することも望まれます。決して無理強いしてはいけませんが、本人が言える範囲内で、勤務の中で感じていること、辛いこと、治療の状況・見通しなどを聞き取って、今後の対応の方向性について考えていきます。

　もちろん、管理職だけでは対応が難しいこともあります。そのような場合には、管理職が抱え込むのではなく、たとえば総務人事労務部門の部課長や役員、産業医等とも連携して対応していくことになります。がん罹患社員の家族との連携が必要な場合もあります。

【復職後】
『事例性』と『疾病性』

企業に求められるのも『事例性』ベースの対応

企業に求められる対応

「事例性」と「疾病性」の事象を見極める

「疾病性」の対応は医療職に任せる

☞医療職（主治医・産業医等）に「ボール」を投げ（意見を聴き）、「ボール」を返してもらう（意見をもらう）

「事例性」ベースで対応する

※「事例性」と「疾病性」が混ざった状態で対応しようとすると、治療と就労の両立支援は困難なものになる

POINT

「『事例性』と『疾病性』に分けた実務対応」が、がん罹患社員への配慮措置を講ずる上で最も重要となる考え方である。事例性・疾病性の事象を区別して、疾病性については医療職に任せ、企業としては事例性をベースに対応することが、両立支援策を検討する上で望ましい。

がん罹患社員に対して企業ができること・できないことを考える上で最重要となるのが、「『事例性』と『疾病性』に分けた実務対応」を行うことです。この2つが混ざった状態で対応しようとすると、治療と就労の両立支援は困難なものとなります。

事例性

　事例性とは、業務を遂行する上で支障を来す客観的な事実を指します。一般的な具体例として、遅刻・欠勤（突発休）・早退の増加、会社の服務規程等を守らない、上司の指示等に従わない、暴力行為、始業時にアルコール臭をさせている、仕事の能率が低い、仕事が遅い、ミスが多い、身だしなみが乱れている、周囲とのトラブルが多い……などといったことが挙げられます。

　こうした「事例性のある社員」をそのまま放置しておくと、職場の"空気"を乱し、周りの社員の生産性を低下させることにもつながるため、会社としては、事例性を認める社員との面談や労務的な対応による業務改善を行うことで、事例性のレベルを下げていく必要性があります。

疾病性

　疾病性とは、基本的には医師等の医療職の治療や助言が必要な事象です。息切れがひどい、下痢がひどい、眠れない日々が続いている、意欲の低下、顔色がとても悪い……など、「病気の症状ではないかと疑われる」状態です。

　こうした状態が見られる社員については、上司や総務人事労務部門

の担当者が自分たちで解決を図るのは困難ですから、あれこれ悩む必要はありません。産業医等の医療職に「ボール」を投げ（意見を聴き）、「ボール」を返してもらう（意見をもらう）に限ります（投げたボールをきちんと返してくれる医療職（適切な産業医等）が必要ですが……）。

　具体的には、たとえば、産業医の訪問日に産業医面談を受けさせて産業医の意見を聴くか、すでに主治医がいるのであればその意見を聴くなどといった対応が考えられます。本人の同意が得られれば、主治医の診察に同行して、具体的な配慮について直接、主治医の意見を聴くこともあります。

─── がん罹患社員における『事例性』と『疾病性』

　がん罹患社員について、事例性と疾病性が混ざった状態で対応しようとすると、治療と就労の両立支援は困難なものになります。やはり、会社としては事例性をベースに服務管理・配慮等の対応を行い、疾病性に関しては医療職の意見等を得て対応を検討していくことになります。

	疾病性あり 体力低下・食欲不振・下痢等 睡眠障害・メンタルヘルス不調	疾病性なし
事例性あり 突発休・遅刻・早退・離席が多い	（直属の上長は） **本人と面談** ☑ 時短勤務などの軽減勤務の検討 ☑ 座り作業・サブ的業務への配置転換の検討 -------- ☑ 医療職へ『ボール』を投げる （産業医面談の必要性あり）	（直属の上長は） **本人と面談** （疾病性が隠れている可能性あり）
事例性なし	医療職へ『ボール』を投げる （産業医面談の必要性あり）	通常の服務管理

Invisible Symptoms

　がん罹患社員のフォローアップに際し、注意すべきことは、「Invisible Symptoms」（他人が気づきにくい症状／隠れた症状）があることです。代表的なものは、①体力低下・だるさ（≒ Cancer-related Fatigue）、②頭痛・腰痛などの痛み、③睡眠障害・メンタルヘルス不調・認知機能低下等——です。

	他人が気づきやすい症状 （Visible Symptoms）	他人が気づきにくい症状 （Invisible Symptoms）
症状	下痢、便秘、 嘔吐、むくみ、 食欲低下、頻尿	①体力低下・身体のだるさ 　（≒Cancer related Fatigue） ②頭痛・腰痛などの痛み ③睡眠障害・メンタルヘル 　ス不調・認知機能低下等
『疾病性』を見つけるための実務対応	日頃の服務管理プラス定期的な上長面談（本人と）で気づくことが多い →『疾病性』がありそうなら、医療職に『ボールを投げる』	利害関係のある職場の人間が気づきにくい →定期的な産業医面談を設定し、産業医からフィードバックさせ、必要に応じて主治医と連携

　これらは基本的に、本人が話してくれなければ他人は気づきにくいものですが、本人としても利害関係を考え、公表することをためらいがちです。がん罹患社員の多くが、これらの Invisible Symptoms に悩んでいることに注意しながら、フォローアップしていくことが大切です。

【復職後】
管理職・総務人事労務・医療職の三者の連携

三者の連携が重要

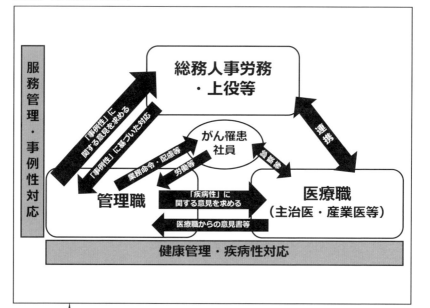

> **POINT**
>
> がん罹患社員に対し、「当該社員の管理職」「総務人事労務部門の担当者・上役」「主治医・産業医等の医療職」の三者が連携することで、混乱事例の発生を防ぎ、より合理的な配慮を施すことが可能となる。それぞれに、強固な信頼関係を築いていきたい。

職場の管理職、総務人事労務担当、産業医の間に信頼関係があり、お互いに頼りにできる状態であれば、治療と就労の両立支援を進めていくことはそう難しいことではありません。混乱事例の発生を防ぐだけでなく、より合理的な配慮を施すことも可能となります。

　ここでキーパーソンとなるのは、産業医です。産業医がしっかりと機能しておらず、総務人事労務部門の担当者が「あの産業医で大丈夫かな」と不安に思っていたり、産業医が「あの会社で働くのは嫌だな」と感じていたりするような状況では、社員にとっても不幸なことです。産業医と、総務人事労務部門の担当者、ある程度の管理職の方々との間に信頼関係があってこそ、産業医訪問の意味があり、産業医面談や、産業医と主治医の連携もしやすくなります。

【復職後】
両立支援のための産業医等の役割

「疾病性の言葉を事例性の言葉に翻訳する」ことが重要

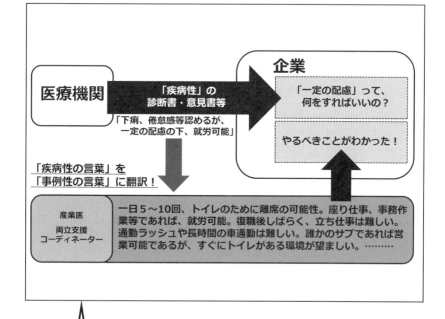

POINT

職場の人間には、疾病性の観点から書かれた主治医の意見等をどのように両立支援に活かしていくべきかわからない。ここで得た意見を、職場の"利害関係の空気"も念頭に置きながら、企業として対応すべき事例性の観点のものへと「翻訳・通訳」することが、両立支援の肝となる。

「疾病性／事例性」は、日本語と外国語のような関係性であり、医療職の「疾病性の言葉」（たとえると、英語）を「事例性の言葉」（たとえると、日本語）に翻訳・通訳することで初めて、がん治療と就労の両立支援を行うことができます。

たとえば、主治医から、「病名：大腸がん。下痢、倦怠感等認めるが、一定の配慮の下、就労可能」という診断書が職場に提出されたとします。しかし、職場の人間は、「下痢」「倦怠感」などといった症状があることは理解できても、「それに対する『一定の配慮』って言われても、何をすればよいのかわからない」ということになります。ここで、「下痢・倦怠感がある」という「疾病性の言葉」を、「一日5〜10回、トイレのために離席する可能性あり。座り仕事、事務作業等であれば、就労可能。復職後しばらくは、立ち仕事は難しい。通勤ラッシュや長時間の車運転は難しい。誰かのサブであれば営業可能であるが、1人では難しい。すぐにトイレに行ける場所での勤務や営業が望ましい」と、「事例性の言葉」に翻訳すれば、職場としても求められる対応を理解することができ、「どの部分については対応できるが、どの部分は受け入れることができないのか」、整理することができるのです。

一方で、「短時間勤務が望ましい」など、主治医が「事例性の言葉」を診断書等で伝えてきた場合も、それが職場の現状（職場の“利害関係の空気”）とうまくかみ合っていないことも多々あります。フルタイム勤務が原則の職場の場合、短時間勤務が望ましいと言われても対応が難しく、「それなら、もうしばらく療養してもらおう」とか「それなら復職を受け入れたくない」とか、がん罹患社員が不利益を被る可能性もあります。このようなことを防ぐには、「疾病性」の言葉で復職に関する意見をまとめて、“利害関係の空気”を踏まえて「事例性の言葉」に翻訳することが重要です。「疾病性の言葉」の「事例性の言葉」への翻訳・通訳は、両立支援に携わる方が身につけておかなければならない必須の能力です。

【復職後】
がん罹患社員以外の社員に対する対応

周囲の社員に何を伝え、どのような対応を求めるのか

対応のポイント

※本人がカミングアウトした場合は、
　この限りではない

☐ 「事例性」の事項を伝える

☐ 細かい情報をべらべら話す必要はない
「体調不良で療養されていたＡさんですが、職場復帰すること
になりました。まだまだ体調が万全ではありませんので、
皆さんのご配慮をよろしくお願いします」

☐ 「事例性」の事象が出そうなときは、本人と面談
のうえ、本人の同意が得られた範囲の情報のみ、
他の社員に伝える

POINT

復職にあたり、病名や治療の経過など、細かいことを話す必要は

まったくなく、むしろこういった情報には守秘義務があると考え

た対応を行うことが求められる。本人の同意が得られた範囲の情

報のみを伝えることを意識したい。

治療と就労の両立支援を行う上では、がん罹患社員が長期の療養から復職する際、その気持ちに最大限に配慮しつつ、がん罹患社員以外の社員に何を伝え、どのような対応を求めるのか、といった点もポイントとなります。

　留意したいのは、病名や治療の内容・経過といった健康情報は、取扱いに細心の注意が必要な情報である、ということです。もちろん、情報を知り得る人間には、守秘義務も生じます。

　このことを念頭に、周囲の社員に対しては、産業医等から聴取した意見等をもとに、「事例性」の事項のみ、周知するようにしましょう。療養が長期にわたった場合、周囲も"何となく"状況を察知していることが多く、「○○さんの病気のことについて詳しく教えてください」などと言われることもありますが、病名や治療の経過など、細かいことを伝える必要はありません。「体調不良で療養されていた○○さんが職場復帰することになりましたが、まだ体調が完全に回復したわけではありませんから、配慮してあげてください」程度で十分です（もちろん、本人が周囲に状況をきちんと伝えることを望んでいる場合には、この限りではありません）。

　復職後も抗がん剤治療等が継続される場合には、その副作用で体調を崩すなど、「事例性」の事象が生じてくることもあります。そのために、周囲の社員から困惑の声が上がることもあります。このような場合も、本人の同意が得られた範囲の情報のみ伝えるようにします。

203

こころも元気に ～産業看護職より

価値観

平山奈津子
(平成28年2月)

『価値観』 それは 『私』 という個人を作ってきた大切なもの。
その価値観を使って私達は生きてきました。
誰しも皆　自分の居場所が必要で　それを求め
自分を認めてもらいたくて頑張ってきました。

大切にしていること　嫌だなと思うことは人それぞれです。
悪気はなくても知らず知らずのうちに人を傷つけてしまうものですね…

人は完璧にはなり得ないし
人はある意味わがままで自分勝手です。
自分だけが絶対に正しいわけでも相手が間違っているわけでもありません。

自分の個性が大切なように　人の個性も大切です。
違うことを新鮮な目で見てみたら　違いを認め合えるかもしれません。

「あなたはそんな風に考えているんだね。」と　そのままを受け止めて
自分が何を願っているかを言葉にして伝えてみる。
「良い、悪い」と自分の価値を横に置いてみたら
『ただ違うだけ』という　とてもシンプルなことに気付けるでしょう。

お互いの妥協点を探せたら、協力できる良い関係が作れます。

仲間がいて、自分が役に立てると感じられる場所。
そんな居場所で、楽しいことも苦しいことも一緒に経験し乗り越えて
いく。
かけがえのない仲間として、共に生きていきたいと思うのです。

【種類別就労上のポイント】
乳がん

乳がん社員の就労上のポイント

- がんのステージ、治療内容等で、療養期間、必要な就労上の配慮等の個人差が大きい。

- フルタイム勤務できるまで209日（約7か月）、短時間勤務できるまで91日（約3か月）かかるのが平均的。

- 抗がん剤治療が長期になる場合がある。
  ☞手術後、抗がん剤治療、放射線治療、ホルモン療法を行うことが少なくない。

- 短時間勤務制度を導入することで、多くの乳がん社員が治療と就労を両立することが可能。（逆に、短時間勤務制度がないと、職場復帰しても離職に至りやすいと推定される）
  ☞朝10時から午後3時まで4時間働いた後に、抗がん剤治療をするなど。

- 乳がんの治療により、体力が落ちたりすることがある。抗がん剤治療後数日は、突発休することもあるかもしれない。
  ☞座り仕事、事務作業等であれば、十分に就労は可能。立ち仕事は最初は難しいかも。
  ☞ラッシュ時の電車通勤や長時間の車通勤ができるほどの体力がないかもしれない。

- 職場復帰後の5年勤務継続率は、63.4％。

- 抗がん剤の副作用、再発等には、復職後、注意が必要。

乳がんの治療と就労の両立支援のポイント

　乳がんは、ステージや性質（ホルモン感受性やHER2発現状況、がんの悪性度など）により、療養期間や就労上の配慮等の個人差が大きいがんです。手術可能な状況であれば、治癒率も5年相対生存率も高いことが知られています。一方で、抗がん剤治療など、外来でのフォローアップが長期間に及ぶことが少なくなく、5年以上通院している方も少なくありません。

　そのため、乳がんの治療と就労を両立させる上では、短時間勤務制度を一定期間導入することが効果的でしょう。たとえば、「金曜日は、午前10時から午後3時まで4時間働き、その後、病院で抗がん剤治療を受ける」など、フレキシブルな働き方を認めることで、治療と就労の両立を支援することが望まれます。

特徴的な症状と事例性

乳がんに特徴的な症状と事例性を挙げます。

▷体力低下に伴う突発休・遅刻・早退：
　抗がん剤治療は、体力低下を引き起こしやすいことから、抗がん剤治療の数日後（たとえば、金曜日に抗がん剤治療をした、翌月曜日）に体調が悪くなることがあり、突発休を認めることがあります。復職後の「治療休暇」を導入できればよいのですが、現状は「年休消化で対応」というのが企業の大勢で、年休日数を超える場合に問題が生じます。

▷手術の後遺症による生産性の低下と作業制限：

手術により、リンパ浮腫になる（手がむくむ）ことがあります。リンパ浮腫は、リンパ液がたまった部位に「腫れ」を引き起こして、痛みやだるさ、締付け感を引き起こし、就労の大きな阻害要因となることがあります。腕がうまくあがらない、皮膚が引きつられる、手にだるさを感じるといった症状のために、一時期、生産性が低下したり、デスクワークや現場作業に支障を来したりすることがあります。

▷抗がん剤治療による生産性の低下と作業制限：

抗がん剤治療は体力を奪いやすいだけでなく、さまざまな症状を引き起こします。吐き気・食欲低下や胃の不快感、痺れなど、抗がん剤治療をしている間、また治療後しばらくは、体調不良を来すことも少なくないため、一時期、生産性の低下や、デスクワークや現場作業への支障を認めます。休憩室等で横になるようなこともあるでしょう。しかしながら、抗がん剤治療が一段落して、ある程度時間が経てば、体調は少しずつ回復していきます。「復職後1年間の配慮」が望ましいでしょう。

▷ホルモン療法による生産性の低下と作業制限：

乳がんの治療の1つにホルモン療法がありますが、これにより、更年期に出現するような症状（ホットフラッシュ）や関節痛、骨粗しょう症などを認めることがあります。一時期、生産性が低下したり、デスクワークや現場作業に支障を来したりすることがあります。

職場復帰にあたり望まれる配慮

筆者のデータでは、乳がん罹患社員の復職後の5年勤務継続率は63.4％です。乳がんの5年相対生存率が高いことからすると、決して高い数字とはいえません。治療後、就労継続に困難さを感じているところが多分にあるのかもしれません。

しかしながら、乳がんは、職場が一定の配慮さえすれば、平均して復職後10年以上働くことができるがんです。具体的には、「復職後1

年間の配慮期間」を設けることで、乳がん罹患社員が就労することは十分可能です。復帰当初は、立ち仕事や、熱源のある場所での仕事、高所作業、また、精神的に集中する作業に配置させることは避けたほうが望ましいでしょう。体調等を見ながら少しずつステップアップさせる形で、就労支援をしていくとよいと思います（製造業で、現場以外に働かせる場所がないという場合は、乳がん治療と就労の両立支援は困難ですが……）。当初は「座り仕事」「サブ的な業務」に就いてもらい、復職後1年間は配慮する期間を設けることが、両立支援の肝となります。

【種類別就労上のポイント】
胃がん

胃がん社員の就労上のポイント

- 胃を内視鏡で治療した場合
  →年休の範囲内で対応可能。職場復帰後も、今まで通り働く
    ことができるだろう。

- 胃を手術で大きく切除した場合など
  →療養が必要になることが多い。
    フルタイム勤務できるまで124日（約4か月）、短時間勤
    務できるまで62日（約2か月）かかるのが平均的。

- 分食が必要な場合が多い（朝食、10時、昼食、15時、夕食、
  21時に、おにぎり半分、バナナなどをかじる程度）。

- 職場復帰しても、数年は、体力がなかなか元に戻らないこと
  もある。（食が細いため、体重が、手術前より5〜10kg痩せ
  たままでいることが多い）
  ☞座り仕事、事務作業等であれば、十分に就労は可能。立ち
    仕事は難しいかも。
  ☞汗を多量にかくような場所での作業は、控えたほうがいい
    かもしれない。
  ☞ラッシュ時の電車通勤や長時間の車通勤ができるほどの体
    力はないかもしれない。
  ☞誰かのサブであれば、営業についていくことはできるが、
    体力がないかもしれない。

- 職場復帰後の5年勤務継続率は、男性62.1%、女性63.1%。

- 抗がん剤の副作用、再発等には、復職後、注意が必要。

胃がんの治療と就労の両立支援のポイント

　胃がんは、早期であれば治癒率は 90％を超えます。内視鏡の治療でがんを取り除くことができる場合は、年次有給休暇の範囲内の休暇で治療でき、健常者と変わらないほどの気力・体力が維持できます。しかしながら、がんが胃の粘膜の下まで広がっていたり、リンパ節や他の臓器に転移してしまったりしている場合は、手術や抗がん剤治療を行うことがあります。

　胃をどれくらいの範囲で切除するかにもよりますが、手術後は、傷跡の痛み、痰が出にくいなどの症状のほか、ダンピング症候群などを認めることがあります。ダンピング症候群とは、胃を切除したために小腸に直接、炭水化物が流入することで起こる症状です。腹部の不快感、気持ちの悪さ（悪心等）、冷や汗、動悸、だるさなどが生じ、これらの症状は、胃切除後、年単位で残ります。多くの胃がん患者の生活の質を下げている症状です。食事により生じる症状なので、会社では昼食時に注意が必要であり、昼休みの時間を多少長めにするなどの配慮が望ましいでしょう。

　また、一度に多くの量を食べられないために、分食（朝昼夕の三食以外に、たとえば午前 10 時・午後 3 時に、おにぎりやバナナをかじる等）が必要な場合も多くあります。分食のための時間を与え、離席を承諾することが望ましいでしょう（たとえば、10～15 分ほどの、休憩室で分食する時間を設定するなどが考えられます）。

　これらの症状から、胃切除術を受けた胃がん罹患社員は、「食べる」ことを「義務」のように感じながら食事をしています。がんになる前に比べて体重が 10kg 以上減少することも少なくなく、体力低下を来しやすいことが知られています。

211

職場復帰にあたり望まれる配慮

　筆者のデータでも、胃がん罹患社員は、復職時の産業医判断で「短時間勤務が望ましい」とされる率が高くなっていました。食べることの辛さと体力低下に苦しんでいる場合もありますので、復職後1年間は、短時間勤務の適応が望ましいでしょう。

　「座り仕事、事務作業」、そして、「サブ的業務（誰かの仕事を手伝う、責任が少ない業務)」を、復職後1年、継続させることが望ましいでしょう。立ち作業もできる場合もありますが、体力が戻っていないとなかなか難しいでしょう。また、熱源のある、汗を大量にかくような場所での作業は控えたほうがよいでしょう。

　胃がんは、治療の影響が他のがんよりも長期間（数年以上）残りやすいですが、少しずつ業務に慣れさせれば、復職後数年後には、ある程度業務をこなせるようになります。また、筆者のデータでも、職場が一定の配慮さえすれば、復職後10年以上は平均して働けることが明らかとなっています。

【種類別就労上のポイント】
大腸がん

大腸がん社員の就労上のポイント

・内視鏡で治療した場合
　→年休の範囲内で対応可能。職場復帰後も、今まで通り働く
　　ことが出来るだろう。

・手術で大腸を大きく切除した場合等
　→フルタイム勤務できるまで 136.5 日（約 4 か月半）、短時
　　間勤務できるまで 66.5 日（約 2 か月）かかるのが平均的。

・下痢や便秘になることが多い。

・一日 5〜10 回、トイレのために離席せざるを得ないことが多
　い（特に直腸がん）。
　☞座り仕事、事務作業等であれば、十分に就労は可能。立ち
　　仕事は難しいかも。
　☞トイレに不安があるため、ラッシュ時の電車通勤や長時間
　　の車通勤、通勤時間帯の通勤は難しいかもしれない。
　☞誰かのサブであれば、営業についていくことはできるが、
　　すぐにトイレがある環境が望ましい。地方の営業は特に大
　　変かと思われる。

・職場復帰後の 5 年勤務継続率は、男性 57.5％。

・抗がん剤の副作用、再発等には、復職後、注意が必要。

大腸がんの治療と就労の両立支援のポイント

　ひとくちに「大腸がん」といっても、がんの部位（盲腸、上行結腸、横行結腸、下行結腸、Ｓ状結腸、直腸、……）や手術方法、人工肛門の造設の有無などにより、生じる症状にはさまざまなものがあります。

　特に知られているのは、手術後の癒着（腸と腸がくっつくこと）等による腹部の違和感や、排便回数の増加などでしょう。特に直腸は、便を溜める消化管ですので、切除すると下痢や頻回の便意、便失禁などの症状を来すことがあり、就労を阻害することが知られています。一日に 10 回程度、トイレのために離席することにならざるを得ない方も少なくありません。

職場復帰にあたり望まれる配慮

　大腸がんは、筆者のデータでも、職場が一定の配慮さえすれば、復職後 8 年は平均して働けることが明らかとなっています。

　具体的な配慮としては、総務人事労務部門や営業のバックヤード部門などの事務作業で、離席が比較的しやすい（いつでもトイレに駆け込むことができる）仕事に就けることが望ましいでしょう。逆に、ラインに入る作業や、一人での工程での作業、長時間の車の運転や公共交通機関を使った移動を伴う営業は、復職後 1 年間は、難しいでしょう。特に、周りにコンビニも駅もない（近隣に借りられるトイレがない）ような地方での営業活動は難しいと思います。また、通勤にも厳しいものがありますので、ラッシュ時を避けた出勤を可能とする等の配慮も望まれます。

215

がんとともにはたらく 体験談11

総務の立場から考える
「社員ががんになったら…」

匿名希望

　私は、中小企業の総務担当として働いている。10年以上の勤務の中で、決して数は多いわけではないが、社員の自殺、死亡、病気等、様々な事柄に遭遇してきた。その中でも「がん」に的を絞ると…

【経験談】
- 「がんになってこれからどうしよう～」と相談してくる人はまずいない（同じ部署等であれば話は別）。本人以外から話が伝わってくることが殆ど（上司や同僚からの相談や長期で休むらしいとの噂を聞いてアクションを起こすことになる）。
- がんの疑いがある時点で検査等で病院へ定期的に通院しなければならない。
- 復帰しても定期的に通院しなければならない時期が続く。
- 復職後、気が付いたら長期に（1週間以上）休んでいることがある。よくよく聞くと、治療のための入院だったりする。
- 製造現場での立ち仕事だと、体力事情を考慮して部署を異動させることもあった。
- 休職時にステージ4だなどという話を聞くと、正直、死亡した時の手続き等を考えてしまう。

【休職や復職に関する制度】

1. これまで在職した会社の制度

A社（電気工事業）
・診断書が出てくれば、人事稟議書を起案して承認後に休職（有
　給休暇の残日数に関係なく休職）。復職の診断書が出てくれば、
　復職（勝手に本人が働いていてあとから復職の診断書をもらう
　こともあった）。
B社（製造業）
・診断書が出てきても、まず有休使用、そのあと積立休暇使用、
　有給の欠勤期間3ヶ月後に休職（積立休暇使用、有給の欠勤に
　は会社の承認が必要）
・復職時には復職可能の診断書が必要
・復職してもしばらく（最長で2年余り）有給休暇が発生しない。
C社（IT関係）
・診断書が出てきて、本人からの休職願いを承認して休職（有給
　休暇の残日数は関係なく休職）
・復職の診断書が出てきて復職

2. あるべき制度（個人的に思う「こうだったら」の制度）

　休職まで
　・手術等を行うまでにも検査だったりして病院へ行かなければな
　　らない期間は、有休使用で構わないと思う。有休や積立休暇を
　　消化する・しないはどちらでも構わない。

　休職期間
　・一定期間は必要。勤続年数によって定めていることが多いとは
　　思うが、１年は欲しい。

　復職してから
　・定期的な通院を考えると、復職後に有休はあった方がよい。

3. その他

　・これからは「働き続けられる」ことが大切だと思う。
　・もし、自分ががんになったら…を想像すると恐らく仕事をして
　　いる心境ではないと思う。自分が死ぬのではないかと思う中で
　　まともに仕事を出来る人はそうそういない。
　・でも「働くこと＝生きること」でもあるので、働かざるを得な
　　い。一旦「正社員」という枠組みを外れてしまうと、一部の人
　　以外はその後の再就職は大変。もしかしたら出来ないかもしれ
　　ない。
　・さまざまな情報について、社員への周知の徹底が必要（がんだ
　　けではなく長期で休まなければならない時どうなるのか、知っ
　　ているだけでも随分と違う）。

がんとともにはたらく

4. あった方が良い制度等

・積立休暇制度（大抵有給休暇の時効消滅分を積み立てる）
　　　　　　　※一定以上規模の会社では存在することが多い
・病気等で長期に休む時に使える休暇（有給が望ましい）
・カムバック制度
・自己都合退職者の再雇用制度（本人が希望すれば戻れる仕組み）
・自分自身のキャリアについて考える教育の機会

　結局のところ、「がん」だけではなくすべての人にとってどうなのかという話になってくる。
　会社側としては何かだけを特別扱いするというのは難しい（ただし、法律で決まれば話は別。育児にしろ介護にしろ、色々な人の尽力があって今に至っている）。
　メンタルとは違って「がん」は目に見えやすいし、対応もしやすいけど、育児はどうなのかだとか介護はどうなのかだという話にもなることを考えると、自分がこれからどんな状況に陥ったとしても会社員としての身分を保障されることが大事なのではないか。結局それがダイバーシティにもつながっていく（その線引きをどうするかが恐らく一番難しい）。
　常に成果を求められる時代（そのわりには一定の労働時間も要求される）の中で、離脱することを許されない雰囲気があるかもしれないが、一定の期間は離脱出来ることを認容できる会社もしくは社会であれば安心して働き続けられるのだと思う。

こころも元気に
～産業看護職より

平山奈津子
（平成28年5月）

私達は、目標に向かって努力していても迷うことがありますね。

人生に課題はつきものです。

私があることの決断を迷っていた時、
「どんな答えをだしても、あなたが自分で決めたことなら、尊重してそのことを応援する」
と言ってもらったことがあります。

『私には自分で決めるチカラがあるんだ』と感じられた　力強い言葉でした。

それまでは、　自分に対して
迷うことは悪いことで、目標にむかってひたすら突き進むことが良いこと
挑戦し続けることが素敵なことで、歩を緩めることはかっこうがわるいこと

出来ない理由をあげるのは、自分が臆病で勇気がないからだと
そんな風に思っていました。
悩んで、目的や目標を見失ってしまったのですね。

私達はみんな　いろんな状況に身を置きながら、
与えられた2つ以上の選択肢の中から選んでいます。

『自分は何のために　何をめざして　決めるのか？』

その目的や目標を明確に　言葉にして考えてみると
今の自分に一番大切なものがみえてきます。
大切なものはとてもシンプルです。

あたえられたものをどう使うか、
自分に出来ることを考えるために立ち止まること

決めたことに誇りを持ち、あるべき姿に向かって生きること。
『自分以上に大切なこと』のために決断することは、
『自分にとって』よりも意味があり、勇気のあることだと私は思います。

MEMO

第4章

FOR WORKING CANCER SURVIVORS IN JAPAN
がん治療と就労の両立支援のために

がん治療と就労が
両立しづらい状況は変わっていない

両立支援の効果が最も高いのは……

「がん治療と就労の両立」は、いま社会的に注目を浴びているテーマの1つですが、がん治療と就労は、まだまだ両立しづらいというのが現状です。筆者はこれまで、さまざまな大企業・中小企業の産業医として、疾患を抱えた労働者の就労支援を実施してきましたが、そこでの"皮膚感覚"としては、がん治療と就労の両立支援がそれなりに充実しているのは大企業ばかりで、中小企業の労働者や、非正規雇用の労働者は、依然として、復職しづらい、就労継続しづらい状況にあります。

多くの企業に両立支援に取り組んでもらいたいと思いますが、そうはいっても、社員数50名未満の企業では、「両立支援のあたたかい風」を送ることができるほどの経済的・人員的余裕はありません。現実的に、がん治療と就労の両立支援をこれから行っていくことで得られる効果が最も高いのは、社員数50〜1,000名規模の企業であると、現場の感覚として実感しています。

がんで社員を離職させないための肝

がん罹患社員の離職予防を考える上で効果がある二本柱は、「十分な病休期間」と「短時間勤務制度」です。

病休期間は、身分保障期間でもあります。これは、100名程度の企業では、療養開始日から3か月・6か月のところも多いのですが、1年以上に設定されていることも少なくないことが、筆者の調査でも明らかとなっています。意外と、「復職まで待ってくれる企業」は少なくありません。

社員数	1001人以上	201人〜1000人	50人〜200人	30人〜49人	30人未満
身分保障期間	1年〜数年	約1年	数か月〜1年 (裁量多)	数か月 (裁量)	?
短時間勤務制度	なしが多い ※期間限定でありの企業も	なし (基本)	なし (裁量)	なし (裁量)	なし

「がん治療と就労」の両立支援のノウハウを

　しかしながら、中小企業の一般的な身分保障期間（欠勤期間等を含めて）は約３か月〜12か月と推定され、このままの身分保障期間の設定では、復職率を上げていくことは難しいでしょう。一方、上場する大企業の一般的な身分保障期間は、約１〜３年間が多いと思われます。

　がん治療と就労の両立支援の評価指標には、①復職率と退職率（いかに復職率を上げ、退職（離職）率を下げるか）、②復職後の勤務継続率（１年勤務継続率、５年勤務継続率）──などがあります。筆者は現場の感覚として、復職後の就労継続のほうが、より難しいのではないかと思っています。がんに罹患した労働者は、復職しても、体力低下やさまざまな身体の症状、メンタルヘルス不調、あるいはがんの再発などにより、復職後１年、２年で離職することも多いのが現状です。

「短時間勤務制度」の導入は、がん治療と就労の両立上、極めて重要です。「在宅勤務制度」や「時差出勤制度」なども、国や一部の企業で検討されていますが、それらが適用できる企業は少ないと思います。短時間勤務制度は、大企業でも一部にしか適用されておらず、また、期間が数週間から数か月等、復職後の「フォローアップ重視期間」（最低でも1年、できれば2年）の一部しかカバーされていないことも少なくありません。これは、日本企業の多くが、「フルタイムで働けることが復職の条件」という就業規則等や暗黙の了解を持っているためであり、「ハーフワーク（half work）」や「3/4 work」などを認めようとはしないからです。短時間勤務制度が会社の制度として導入されている企業は少ないのが現状です。

　しかしながら、短時間勤務制度は、抗がん剤治療をする社員の就労支援には大きな役割を果たすと、筆者は確信しています。短時間勤務が可能になれば、たとえば体力の低下に応じて午前10時から午後3時までの4時間勤務としたり、午前中に放射線治療を受けて午後から出勤したりといったこともできます。

─── 「両立支援のありよう」が企業を指し測る指標となる

　今回の調査・研究により、「十分な期間の病気休暇の設定と短時間勤務制度の導入により、ベテラン社員の離職予防につながること」「がん罹患社員の就労支援を充実させれば、2人に1人は、がん治療と就労を両立できること」など、さまざまなことが明らかになりました。これを踏まえれば、がんになった社員の離職を防ぐために求められるのは、まさに、「働き方改革」であるといえます。

　がんになるのは40代・50代のベテラン社員が多いことを考えると、それまで会社に貢献してきてもらった分、「十分な病休期間」「短時間勤務制度」を設定して、がん治療と就労の両立支援をしてあげてもよいのではないでしょうか。

　もし、「そんな余裕はこの会社にはない」「フルタイムでバリバリ働ける人しか、うちの会社には要らない」というスタンスの会社であれば、身を削って、身体を壊すような働き方で、働かなくてもよいとも思います。利益を出すだけでなく、労働環境を改善することも重要視

される社会状況となっていることを認識すべきです。

　困っている社員に対し、手を差し伸べられるかどうか——がん治療と就労の両立支援をどれだけ行っているのかは、企業を指し測る指標の1つだと思います。

両立支援に関する企業の意見

企業Aの意見　仮に従業員が発症し、治療を終え、復職する際、その回復状況如何によるところが大ではあるが、当社の規定や食品製造を生業とする業種を考えると、実際、職業生活の両立とその支援ができるかどうか難しい環境である。しかしながら社員の高齢化などもあり、このような対策を考えていく必要はあると思うが、国や行政などが、その受け皿などの支援の充実化を図っていただきたいと要望する。

筆者の回答：　食品製造の現場では、多くの場合、立ち作業が基本となるため、体力が低下していることが多いがん罹患社員が復職しようとした場合、フルタイムで勤務を続けていくのは難しい。また、食品製造の場合、異物混入や食中毒を起こしてはならないことが第一であるため、体調が不調な社員を受け入れ続けることに、難しさを感じていらっしゃるのだと思います。食品製造の会社にも、事務職（総務・人事・労務・経理や、営業のバックヤードなど）の仕事がありますが、中小企業は、経済的に（時にはスペース的に）余裕がない企業が多いのが現状です。このような悩みを持っている中小企業は、非常に多いと思います。国や行政が、「がん治療と就労の両立支援」を積極的に行うスタンスであるのであれば、企業にばかり負担をかけるのではなく、助成金や、『がんなどになってもそれなりに安心して働ける企業の証』（後述の「仮称：りょうみんマーク」など）を作って、人材難に悩む企業のインセンティブとなる施策を充実させることが重要だと思います。

227

企業Bの意見　　現在当社では、休暇日数を縮小するなどして休職制度を運用している。そのような中で、それ以上の支援策を設けることは難しい。むしろ当社では、健康づくり、人間ドックの全額補助等、「大病予防」に重点を置いている。

筆者の回答：　　休職制度の充実化は難しいという意見は、筆者もよく受けるところです。先日、ある企業から「経営層に、がん治療と就労の両立支援に関する今回の研究結果等についてプレゼンテーションしてほしい」との依頼を受け、1時間ほどの講演をする機会がありました。和やかな会ではありましたが、ある方は、「確かに、がん治療と就労の両立支援は重要です。しかしながら、今まで、企業側は、妊娠・出産・育児、そして介護などの両立支援の法制化を容認して、身を削る努力をしてきたと思う。さらにこれから、がん治療と就労の両立支援となると、脳卒中や心筋梗塞、その他の難病はどうなんだ、ということになる。先生の言いたいことはわかるが、日本企業は、このグローバル競争の中にあり、両立支援までの配慮は難しい」と、はっきりとおっしゃっていました。

　　筆者はその時、「私は、がんによる療養中の給与をきちっと保障するような所得補償までは求めていません。せめて、療養となってから1年間の身分保障と、復職してから1年間の短時間勤務制度。これだけなら100名規模の会社でも、ある程度、導入できるはずですし、これだけでも、ある程度、効果は上げることができます。企業が社員を大切にしていることをアピールすることは、これからの時代は求められてくると思います」と話しました。

　　復職後1年、2年経てば、2人に1人のがん患者さんは治療と就労を両立できるはずです。しかし一方で、両立支援ができる会社もあれば、なかなか難しい会社もある……どこで線引きするかは、難しい問題です。筆者は労働者側でも経営者側でもありませんが、「両立支援」に関する捉え方に、労使間で、大きな溝があるような気がします。

企業Cの意見　　がんへの罹患は、誰にでも起こり得るリスクとして社会全体の課題であるし、企業の人材確保の観点からも、周囲の知識不足や偏見による稚拙な判断での対応はマイナスだと考える。しかし、実際の事情は複雑で個別の対応が必要なため、中小企業の現場で賢明な判断をつけていくことは困難である。社会全体で経験知が共有されることが必要なのではないか。

筆者の回答：　　まったくご意見のとおりです。「一生懸命に働いてきた社員であっても、がんになったなら離職してもらおう」と考えている企業は、今後ますます人材難に陥るでしょう。しかし、いざ事例に対応しようとすると、実際の事情は複雑で、対応困難であることが少なくありません。必要な「事例性と疾病性に分けた実務対応」「利害関係の調整」を行うためのノウハウが、社会に浸透していないのも、その一因だと思います。これを打開するためには、実務対応のエッセンスや、より多くの企業の事例を共有することが大切です。その積み重ねが、次なるステップにつながっていくと思います。

衛生管理者・産業医・社労士・産業看護職の活用が重要

── 治療と就労の両立支援のための「お助けキーパーソン」

　企業ががん治療と就労の両立支援を行っていくために必要な「お助けキーパーソン」としては、産業医、衛生管理者、社会保険労務士、産業看護職などが挙げられます。

　もちろん、主治医や病院の看護師も重要ではありますが、基本的に、その企業の「"利害関係の空気"を吸っている職種」であることがポイントです。それぞれの企業の"利害関係の空気"を知らないのに、「短時間勤務が望ましい」とか「座り仕事が望ましい」などと企業に意見することは、復職するがん罹患社員に不利益を与える恐れがあります。また、企業側から見ると、医療機関は企業外にあるため、「部外者がいきなり、土足で入ってくる」感を受けることも多く、医療機関のスタッフが意見してくることをすんなり受け入れる企業は少ないと思います。

　就労支援のコーディネーターとなるべき、がん治療と就労の両立支援のための「お助けキーパーソン」は、「職場の"利害関係の空気"を吸っている」スタッフで、医療機関と企業の「橋渡し」をする存在です。

── 産業医

　産業医は、"利害関係の空気"を少なくとも月1回以上、吸っており、疾病性を理解できる医療職です。疾病性の言葉を事例性の言葉に翻訳・通訳してくれる産業医がいれば、総務人事労務担当と管理職を交えて話し合って、その利害関係の調整等を行うことができ、それなりにうまく、がん治療と就労の両立支援ができると思います。

社員数	1001人以上	201人〜1000人	50人〜200人	30人〜49人	30人未満
産業医	専属産業医	専属/嘱託産業医	嘱託産業医	なし	なし
衛生管理者	4人	(501〜1000)3人 (201〜500)2人	1人	0人	0人
社会保険労務士	あり	あり	あり	あり	あり
産業看護職	あり	少ない	まれ	なし	なし

「がん治療と就労」の両立支援のノウハウを

　しかしながら、産業医の質には、大きなばらつきがあります。産業医の質に疑問を感じる場合は、産業医を交代させるか、ほかのお助けキーパーソンに頼る必要があります。

　ここ最近、しっかりと勉強している、「企業の良き相談役」の産業医の方も急速に増えつつありますので、探せば、良い先生が見つかると筆者は思います。

衛生管理者

衛生管理者は、1,000名以上の事業場では4名、501〜1,000名の事

業場では3名、201〜500名の事業場では2名、50〜200名の事業場では1名、選任しなければなりません。衛生管理者資格は試験に合格しなければ得られませんが、試験問題はなかなかの"歯ごたえ"のある良問ばかりであり、本気で勉強しなければ合格は困難です。多くは、総務人事労務部門の係長や課長クラスの方が、工場長や事業所長に「衛生管理者の資格を取ってこい」などと言われて、試験を受けています。

衛生管理者の試験に合格した人であれば、労働衛生に関する知識は一通りあるため、両立支援に関する理解と配慮について、企業と医療機関の良き橋渡し役になる可能性があります。

社会保険労務士

社会保険労務士（社労士）は国家資格で、「社会保険労務士法に基づき、毎年一回、厚生労働大臣が実施する社会保険労務士試験に合格し、かつ、2年以上の実務経験のある者で、全国社会保険労務士会連合会に備える社会保険労務士名簿に登録された者」と法律により定められています。労働関係法令や社会保険に関する法令に基づいて各種手続を行うほか、労働社会保険・年金関連の問題の相談に応じる人事・労務管理の専門家であり、企業内・企業外の差はあれ、多くの企業で活躍されている職種です。その活動範囲は幅広く、産業医や衛生管理者の法的選任義務がない事業場にも強いのが特徴です。50名未満の事業場においては、社会保険労務士を介して、疾病と就労の両立支援を図ることができます。特に小規模事業場では、社会保険労務士に相談することが大切です。

産業看護職

産業看護職は、法的選任義務がないため、大企業や中規模の企業に雇用されている場合を除くと、企業での活動範囲はまだまだ狭いといわざるを得ません。しかしながら、産業看護職ならではのきめ細やかなフォローアップと軽やかなフットワークは、治療と就労の両立支援

において非常に重要なものです。産業看護職が在籍している場合は、がん罹患社員のことについて相談するとよいでしょう。

がん患者の就労を支援する主な専門家

そのほか、がん患者の就労を支援する主な専門家には、「産業カウンセラー」、「キャリアカウンセラー」があります。「産業カウンセラー」は民間資格で、メンタルヘルス対策や、セクハラ・パワハラの相談など職場での心の問題を解決するための支援を行います。「キャリアカウンセラー」も民間資格で、各個人の能力や価値観に応じた職業の選択を助け、仕事やキャリア関連の相談に応じます。これら専門家の存在を知らない方はまだまだ多いのですが、こうした外部のサポートも、積極的に活用したいものです。

なお、キャリアコンサルティングを企業内に定着させるための助成金もありますし、がん罹患社員に限らず転機を迎えた従業員に向けたキャリアコンサルティングの企業内定着を目指すセルフキャリアドック制度についても助成金があります。

厚生労働省：キャリア形成促進助成金
http://www.mhlw.go.jp/stf/seisakunitsuite/bunya/koyou_roudou/koyou/kyufukin/d01-1.html

厚生労働省：セルフキャリアドック制度
http://selfcareerdock.mhlw.go.jp

がん治療と就労の両立支援に関する外部機関

がん治療と就労の両立支援に関する外部機関には、①がん相談支援センター、②産業保健総合支援センター、③地域産業保健センター——などがあります。巻末に、全国のがん相談支援センターと産業保健総合支援センターの連絡先を掲示しましたので、ぜひこれらの機関も活用してください。

233

> 両立支援コーディネーターの役割

　政府は、働き方改革実行計画（2017年3月28日）の働き方改革実現会議の中で、治療と仕事の両立に向けて、主治医、会社・産業医と、患者に寄り添う両立支援コーディネーターのトライアングル型のサポート体制を構築することを提唱しています。具体的には、「両立支援コーディネーターは、主治医と会社の連携の中核であり、患者に寄り添いながら継続的に相談支援を行いつつ、個々の患者ごとの治療・仕事の両立に向けたプランの作成支援などを担う。また、両立支援コーディネーターには、医療や心理学、労働関係法令や労務管理に関する知識を身に付け、患者、主治医、会社などのコミュニケーションのハブとして機能することが期待され、こうした人材を効果的に育成・配置し、全国の病院や職場で両立支援が可能となることを目指す」とされています。政府が、治療と就労の両立支援に重点を置いていることが窺えます。

　がん罹患社員から見ると、医療機関と企業の間には、「深くて暗い溝」があります。その「深くて暗い溝」に「橋を架ける」両立支援

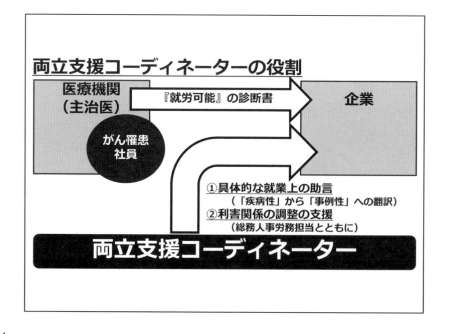

コーディネーターが持つべき資質は、2つ——①「疾病性の言語」を「事例性の言語」に翻訳できること、②職場の利害関係の調整を支援できること、です。

　医療機関では「疾病性の言語（例：「下痢」「倦怠感」など）」、企業では「事例性の言語（例：「離席が多い」「立ち作業は難しいが、座り作業は可能」など）」でコミュニケーションされているため、両立支援コーディネーターが、実際の労働現場で発生すると考えられる事例性の問題を考慮して、主治医からの疾病性の言語による意見を「翻訳」することが重要です。また、企業は利益を求める組織であるため、「がん罹患社員に復職・就労環境が与えられるような理想的な環境をつくる」こと（たとえば、がん罹患社員の短時間勤務を認める、がん罹患社員の配置転換に伴う人事異動を行うなど）が難しい場合も多々あります。両立支援コーディネーターは、企業の総務人事労務部門の管理職や衛生管理者、産業医などと緊密に連携し、「利害関係の調整」のための支援をすることが求められます。

　このようなことを踏まえれば、単に医療や労働衛生の知識があるというだけでは、両立支援コーディネーターとしての実務面での活躍は難しいでしょう。「治療と就労の両立支援の現場は、医療機関ではなく、企業」であるということを意識して、事例性の言語への翻訳能力と、職場の利害関係の調整能力を向上させていくことが必要です。両立支援コーディネーターが、病気の治療と就労の両立支援における中心的な役割を果たすことができるのか、これからの取組みが重要です。

法制化と偏見払拭
～社会的な機運を高めよう！

　皆さんの周りにも、産休・育休で休んでいる社員がいるでしょう。たとえば、20代から40代の社員が多い企業や、医療や小売業などの女性が多い職場では、産休・育休を取得して、妊娠・出産・育児と就労の両立を行っている社員が大勢います。これは、まさに法律の力です。産休・育休に関する法律が制定されたことにより、より多くの女性が職場復帰できるようになったのです。法整備がなされなかったら、これほどまでに、「妊娠・出産・育児と就労の両立支援」は進んだでしょうか？

　翻って、ある日突然、がんと診断されて治療をしなければならなくなったときに、がん罹患社員の雇用を必ず守ってくれる法律は、現在ありません。2016年12月9日に、がん対策基本法改正案が国会で可決され、がん患者が安心して暮らせる社会の構築を目指し、「事業主が、がん患者の雇用継続に配慮するよう努めなければならない」ことが定められました（努力義務）。この法律によって、少しずつ、がん罹患社員の雇用継続に向けての社会的な機運が高まることを筆者は期待しています。

　次のステップとしては、①身分保障期間の設定（「療養開始日から1年は必須」等）、②期間限定（「復職後1年」等）の短時間勤務制度の設定、③復職後の治療と就労の両立のための治療休暇制度の設定——などが、妊娠・出産・育児等の法制度のように、法整備されることが望まれます。

　誰でも、ある日突然、がんと診断される可能性があるのですから、がん罹患社員の就労を支援する法律や具体的な施策が実行されることを切に願います。

がん治療と就労の両立支援のための施策案
～「りょうみんマーク」を作ろう！

治療と就労の両立支援を行う企業の認定制度

　がん治療と就労の両立支援のために、さらなる具体的な法整備は重要ですが、それだけでは、企業側に負担を押しつけるだけになってしまいます。

　そこで、筆者は、がん治療と就労の両立への配慮が行き届いた企業に与えられる「りょうみんマーク（仮称）」を作ってはどうかと、いつも提案しています（名称は何でもよいのですが）。

　「りょうみんマーク」は、「くるみんマークの『がん版』」です。「くるみんマーク」は、子育てサポート企業として、厚生労働大臣の認定を受けた証であり、次世代育成支援対策推進法に基づき、一般事業主行動計画を策定した企業のうち、計画に定めた目標を達成し、一定の基準を満たした企業が申請を行うことにより、認定されるものです。2016年9月末時点で、2,657社が認定を受けています。2015年4月1日からは、さらなる高い水準の取組みを行っている企業について、「プラチナくるみん認定」も開始されています。このマークを持っているということは「妊娠・出産・育児をしていても働きやすい企業」ということである、との認識も浸透してきており、就職活動中の女子学生を中心に、くるみん認定企業に注目が集まるなど、くるみんマークは、人材難が加速する中で、企業にとって魅力的な認定制度になりました。

　筆者は、これと同じような認定制度を、がんなどの疾病への支援に関しても作るべきだと考えているのです。つまり、がん対策基本法に基づき、一般事業主行動計画を策定して、計画に定めた目標を達成した一定基準を満たす企業が申請して、「りょうみんマーク」認定を受ける制度です。このマークを取得している企業は、「がんになっても、それなりに安心して、治療と就労を両立しやすい企業」である、とい

うことをアピールできます。さらに、これからの時代、定年年齢は
65歳、70歳と、徐々に上がっていくことが予想されますから、それ
に伴いがん罹患リスクも高まる中、中途採用を希望する方々も、この
マークを取得している企業で働きたいと考えるようになるでしょう。

　現在の「働き方改革」「健康経営」の流れにも、重なる部分は多分
にありますので、少子高齢化に伴う人材難に悩む企業のインセンティ
ブとして、このような取組みを国が行っていくことを期待しています。

障害者認定も必要

　長期にわたる抗がん剤治療・放射線治療などの、身体への負荷が大
きく、体力が長期間低下する治療を受けている方について、障害者と
して認定してもらうことができれば、企業はこうした方を雇用継続す
ることを、障害者雇用率との関係でインセンティブとしてとらえるよ
うになると思います（障害者として認定されるために乗り越えなけれ
ばいけない壁はかなり高いですが……）。実際、産業医としてさまざ
まな企業を見ていると、精神疾患等で障害者認定された方々が、障害
者雇用の枠で入職されることも多くなったと実感しています。

　「がんと就労の両立支援」の肝であるCancer-related Fatigue（が
ん治療等に伴う疲労・体力低下）の評価等の研究がまだまだ少ない現
状ではあるものの、今後の方向性としては、がん治療等に関する障害
者認定は、必要ではないかと考えています。

がんとともにはたらく 体験談 12

病気とともに
仕事をするということ
（大学時代から現在まで）

山田 裕一

　私は 2000 年に慢性骨髄性白血病に罹患し、同年の 9 月に造血幹細胞移植で治療を受けました。2002 年 2 月に再発しましたが、それから分子標的薬を服用し、2016 年まで寛解の状態を維持しています。また、入院時に深部静脈血栓症を併発し、左足の足首が動かないという後遺症を残しました。

　病気と仕事の両立を意識し始めたのは大学に復学した時です。その当時から、自分が現在できること・できないことを意識して仕事を探していました。

　新卒の就職活動の時は、病気や治療について包み隠さず活動をしました。「君は病気だから雇うことはできない」等ネガティブなことを言われたこともありました。

　大学卒業後は、運送会社で営業事務として働きました。業務量も多く、体調のコントロールも難しく、4 か月目に退職しました。退職した後、もう一度就職することを考えましたが、「また体調を崩すかもしれない」ということを考えてしまいました。そこで、「総合職では無理でも事務仕事であればできる。仕事ができるという能力をなにか見てもらえる資格を取りたい」と思い、社会保険労務士資格の勉強を始めました。合格までの 3 年間は、無職、コールセン

ターで派遣社員として就業、精密機械業にて障害者枠で契約社員と
して就業するなど、様々な雇用形態で働きながら試験勉強に励みま
した。それぞれの雇用形態の中で、自分が病気の治療をしたことは
全て伝え、2か月に1〜2回、通院のために休みをいただく可能性
もあることを説明しました。

　現在は転職して人事職に就き、働いていて感じることは、自分の
病気のことについて伝える時、自分の治療のことばかり話すのでは
なく、会社側が必要としている情報（自分ができること・できない
こと）を伝えることが、病気の治療と仕事を両立する上で大切なこ
とであるということです。また、前職の上司や現職の上司が「特別
扱いはしないが配慮はする」と言ってくれ、自分の仕事に対する姿
勢、結果を評価してくれたことが、今の自分の働くことについての
モチベーションになっています。病気の有無ではなく、「この会社
で働くことができるのか、できないのか」の観点で、人材募集に応
募された方、労働者を評価する企業が増えて欲しいと考えています。

がんと
ともに
はたらく

体験談 **13**

自分自身と
弟の経験から……

特定社会保険労務士　前田 康彦

　自身が胸腺腫瘍を罹患した経験、平成 28 年 10 月 17 日に弟を胆管がんで亡くした兄としての思い、並びにがん患者の就労支援に力を入れている社会保険労務士の立場から、考えてみたい。

自らの経験

1）異常発見、胸腺腫瘍と診断

　二十数年前のある日、突然医務室の嘱託医の先生から電話が掛かってきた。

　春の健康診断の結果、「昨年のレントゲン撮影の影像と比べ、影が大きくなっているので精密検査を受けてください」。早速精密検査を受け、「大学病院にこれをもって行ってください」と言われ、大学病院の胸部外科に行った。主治医の先生曰く、「胸腺に腫瘍ができているので、手術したほうが良いでしょう」とのことだった。

　その時は、頭が真っ白になり、「ああこれで自分の人生は終わりか」という思いが一瞬頭をよぎった。近くの書店に飛び込み、胸腺腫瘍に関する本を何冊か買いこんだ。

　自覚症状について、筋無力症の症状がなかったかいろいろ聞かれ

242

たが、全く自覚がなかったように記憶している。唯一、昼間の会議の際、妙に眠くなることがあったが、その時は疲れのせいかなぐらいに思っていた。

2）手術を決断

　その頃知り合いになっていた同じ大学病院の先生に相談した。「あまり手術したくないのですが」。すると先生は、「それは専門家に任せたほうがいいよ」。これで腹は決まった。

　丁度同じ頃、総務課長より、海外転勤の内々示があった。「実は胸腺腫と診断され、ベッドが空き次第入院することになっている」旨伝えた。

　海外転勤の内々示を受けるべきか、手術を優先すべきか、自分自身ではなかなか判断がつかなかったが、嘱託医の先生と本社の人事との話し合いの結果、やはり手術を優先したほうがよいとの結論になった。

　手術で摘出した細胞の病理検査の結果は、良性だった。入院に際して、入院の期間は2週間位、放射線治療もあるかもしれないとのことだったが、12日間で退院できた。手術して2日後には、ベッ

ドから起き上がり、胸の縫い合わせたところが痛むのを我慢して、歩行訓練に励んだ。

3）仕事のこと、人生のこと

手術後は、国内部門の時間外労働等の無い部署に転勤になった。そして、しばらくして社会保険労務士を目指して勉強を始めた。仮に海外勤務の内々示を受けていたら、がん患者の就労支援に力を入れる社労士になることはなかっただろう。その後の人生を考えたら、結果としては良かったと思う。

弟（単身）の胆管がん

1）がん診断から逝去まで

弟の話。背中の痛みで、2回ほど同じ病院の整形外科で診断してもらったところ、レントゲンでは、問題ないとの診断だった。しかし、痛みは治まるどころか、更にひどくなった。家の中で杖をついて歩く状態で、食事も準備できず、宅食弁当を立って食べるのがやっとだった。平成28年7月31日未明、トイレに行った時に転倒してしまい、救急車を自ら呼んで入院した。

8月16日に見舞いに行き、主治医の先生から病状等の説明を受けた。本人が告知を拒否していたので、本人に代わり病名等を確認した。「骨転移がん、おそらく胆管がん」、「骨転移により、骨が弱くなって圧迫骨折をしているので安静にしておくことが必要」、「感染症等がなく、うまくいけば半年から1年は命を永らえることができるかもしれない」、治療内容については、「骨転移の状況から、放

射線治療については、本人が告知を拒否しているので適応がなく、お勧めできる有効な抗がん剤も見当たらない。緩和ケアを行う」とのことであった。年内は何とかもってくれ、というのが率直な想いであった。

10月17日午前中に主治医の先生とその後の病状についてお話しする予定だったので、前もって10月15日に、病院に見舞いに行った。本人の意識は残っていたが、もう話ができる状態ではなく、病状の急速な進行に吃驚した。看護師さんの話では、「肝臓のほとんどが癌になっており、腎機能も悪化し、肝腎不全の状態です。回復は厳しい。緩和ケアでは、急変時には心肺蘇生措置は行わず、自然経過を尊重します。ご理解ください」とのことであった。

17日朝、病院に向かう途中、携帯電話に「弟さんの息が今止まっています。すぐ来てください」と連絡が入った。病院へ急ぎ主治医の先生と話し、心肺蘇生措置は行わなかった。時刻は10時であった。

2）弟との3つの約束

本人にはがんであることは告げなかったが、深刻な病状であることは薄々感じていたようだった。今となっては、何故こんなことになってしまったのかあれこれ考えるのはやめ、何とか生きていく希望を見出していくためにできることをしようと、弟とは3つの約束をした。

ひとつ、食事はなるべく食べる。入院当時の体重は40kgだったが、その後45kg位まで回復した。当初はおかゆを半分ぐらいしか食べられないとのことだったが、食欲も出てきた。

ふたつ、手足の指の運動を心掛ける。圧迫骨折により寝たきり状態の為、毎日午前、午後、マッサージ師の人が来て、体や手足のマッサージをしてもらっていた。

　みっつ、元々短歌を詠んでいたので、この入院を機会に入院中でなければできない短歌を作ってみたらどうか、何とか生きる希望を持ってほしいとのことで、話し合った。入院当初はなかなか詠めないと言っていたのが、主治医の先生、看護師さん、その他見舞いに来る人等に励まされ、次第に詠めるようになった。そして、念願の宮内庁歌会始の歌も出来上がり、9月末の締め切りに合わせ、代筆し投稿することができた。

　入院期間中、10首以上の短歌を詠んだ。本人がノートに書く短歌は、筆圧が弱いのでほとんど読めるか読めないかの状態であった。それを、看護師さんたちがパソコンで打ち直し、短歌集としてまとめてくれた。また、弟が詠んだ短歌と、その内容を描いた絵を額縁に入れ、ベッドの枕元に飾ってくれた。本人にとっては短歌を詠む大きな励みになっていたようだ。また、地方紙に投稿し、新聞にも掲載されていた。

　しかし、急速ながんの進行にはかなわなかった。1週間前までは電話で、元気な声でいろいろ話し合っていた。まさか1週間後に逝ってしまうとは全く予想できなかった。兄として、やれることはもっとなかったのか、いつまでもその痛切な想いは消えず、悲しみは心の奥底に残ったままだ。

がんとともにはたらく

がん患者の就労支援に力を入れている社会保険労務士として

1）定期的な検診と早期治療の重要性

　弟の胆管がんを経験して、何よりも重要かつ大事なのは、定期的な検診と早期の治療であることを再認識した。

　今まさに超高齢化社会を迎え、がん検診の受診率の向上対策が不可欠ではないかと思う。在職中であろうと退職後であろうと、その重要性に変わりはない。特に退職後の本人の自覚並びに周囲の支援の充実が不可欠である。

2）命に限りある事の認識

　たとえがんに罹患しても、『命には限りがある』ことを厳然たる事実として認め、自らの人生を自分らしく、どのように最後まで全うできるか。

　また、残された時間の中でどのような治療方法を選択するのが良いのか、前もって準備して、考えておくことも必要ではないかと思う。病状、部位、ステージ等にもよるが、治療効果の可能性、予後を考えたうえで、治療しない方法を選択することもありうることを覚悟しておく必要があるように思われる。なかなか難しいことかもしれないが、何よりも数十年の自らの人生を生ききった証、志をどのような形で残せるか、事前に準備しておくことも必要ではないだろうか。

産業医の立場から

がんと
ともに
はたらく

体験談 **14**

産業医　T.T

　とある製造業の、定年を間近に控えた社員の話をしたい。この方は、膵臓がんで、すでに腹水がたまり、肺や脳への転移も確認されている状態であり、産業医が定期的に体調や治療状況を確認していた。

　工場設備の管理が主な業務であったが、体力はなく、事務所の掃除程度しかできていない状態であった。もう治療は難しく、緩和治療しかできない状態と告知され、治療を継続するために、知人からの情報をもとに民間療法を行っている病院に通院していた。

　本人の就業状況は、デスクワークではあるが、工場の現場を確認することがたびたびあり、また、通勤のためには、車を運転しなければならない場所に住まれており、安全の確保が必要な状態であった。本人はもちろんご家族も、定年後も再雇用として就業継続を希望されていた。民間療法を継続するためには、お金もかかり、仕事を継続していく必要があったのかもしれない。

　産業医として、会社がどこまで就労に配慮できるのか、上司や人事部門と話し合いの場を設けた。産業医としては、ご本人はけいれん発作をいつ起こすか分からない状態であるため運転は許容できないことを伝えるとともに、危険がたくさん潜んでいる現場には

立ち入らないよう配慮してほしいと職場にお願いする必要があった。話し合いの結果、「本人の自家用車運転を認めることはできない」、「現場に出ることが不可欠な業務のため、現状、求められる業務を全うすることができない状態では、再雇用は難しい」という結論に至った。最終的には、人事部門の担当者と本人・ご家族が面談し、ご家族も毎日、会社まで送迎することが困難であったこともあり、再雇用はせず、定年退職ということで話はまとまった。

　ご本人が就業継続を希望されるのであれば、できるかぎり対応していくことが理想であるが、企業の安全配慮義務の観点から、難しい状況は発生するだろう。ときに、産業医として、ご本人にとっては厳しい意見を出すことを迫られる場面に遭遇する。

こころも元気に
~産業看護職より

産業看護職として思うこと

平山奈津子
（寄稿に寄せて）

私が今の会社に入社してから5年半が経ちました。
企業の看護師として働くのは初めての経験で右も左もわからないままのスタートでしたが、まわりの人に助けられ支えていただいたおかげで今があると実感しています。
会社には看護師は一人しかいませんが、私にはいつも相談できる上司や仲間、産業医の先生がいてくださり一人ではありませんでした。
このことは、私がこの5年間で学んだ最も大切なことです。
一つの困っている問題に対して、どれほどの皆さんがチカラを合わせてくださったことでしょう。
一緒に喜んだり、笑ったり、時には泣いたり、一緒に考えたり。
支え合う、助け合う、そんな5年間を過ごしてきました。

入社間もない頃は、看護師だからいつも元気でいなくてはと肩肘張っていたときもありました。
そんなときは「平山さん元気？」と　声をかけてくださいました。
それから私の肩の力が少しずつ抜けました。

相手を見守り、相手の関心に関心を寄せる大切さを学び、私も実践していきたいと思いました。

また初めの頃は、悩みを抱えている人と一緒に悩んでしまうことがありましたが、今は「誰の課題か」を考えることが出来るようになりました。

自分の課題に向かうその人を信頼することは、その人の持っている力を信じることであり、勇気づけることになります。

私達は常にいろいろな課題に直面しますが、そのとき、もし困っている人がいたら「自分の力で乗り越える」ということをサポートしたいと思っています。

例えば保健指導の場面で、健康のためには良いことはいろいろあり、わかってはいるけど出来ないということが多々あります。

仕事をすること余暇を楽しむことなど、その人の考える健康やよりよい暮らしは何か、どんなことを大切にしているかを理解することが私は大事だと考えています。

お話をお聴きしながら、そのより良い暮らしに向かってどんなことが

できるかを一緒に考え、できるだけ実行可能な選択肢を提案し、その中からその人が選んで決めるということを大切にしています。

私自身も、健康診断や再検査の受診、面談や保健指導など従業員の皆さんにいつも協力していただく場面がたくさんあります。

何か問題が起きたとき協力出来る仲間がいたら、同じやらなくちゃいけないことも楽しく明るい気持ちでできると思います。

そのために、どんなときも勇気づけられる私でいることが何よりも大切だと感じています。

その心構えで、誰かが困っていることに気付き、困ったときには「困った」と伝えあえる関係性をこれからも日々耕していきたいなと思います。

会社では従業員の方達が、人間関係や仕事で失敗して悩むということも少なくありません。

私は、そんな時こそ、その人の適切な側面や持っている力を探して正の注目をすることが大切だと学びました。

私達は失敗から学んで成長していくことができるからです。

そのために会社のなかにみんなに居場所があること、それぞれが持っている自分の良いところや能力を発揮できることを看護師として援助したいと思います。

先日、息子が市のマラソン大会ではじめてフルマラソンを走り完走しました。

あと10kmというところで歩きたくなったと教えてくれましたが、息子は走り続けることを選びました。

まわりにはランナーを応援してくださるたくさんの人達がいました。

そのなかに小学校2年生くらいの女の子3人組がいて疲れたランナーに 「安心してね。もう少しだよ。まだまだはやいよ。」と声をだ

し一生懸命応援してくれていたそうです。
その話を聞いて、私は胸がじーんと熱くなりました。
そんな風に人を応援できることは素敵で、とても素晴らしいことだと
思います。

「こころも元気に」は 60 号を迎えました。
私達は決して一人ではなくて、支え合う仲間がいることを伝えたくて
書いています。
毎月、読んで下さる人がいて、楽しみにしていると言ってくださる言
葉が大きな励みとなり書き続けていく力になっていると感じています。

『人を大切にする』という経営理念、企業風土のもと
従業員の方達が健やかに働けること、
もし病気を抱えたとしても安心して働き続けられることを
私も応援していきたいと思っています。
私自身が、皆さんから一歩踏み出す勇気をいただいたように。

MEMO

第5章

MESSAGE FOR CANCER SURVIVORS
WHO TRY TO RETURN TO WORK

これから復職を目指す方々へのメッセージ

20代から60代くらいまでの「働く世代」でがんと診断される人は、日本で年間30万人以上いるといわれています。若年期にがんにかかるということは、決して特殊なことではありません。にもかかわらず、がんと診断されて、復職を目指して治療している人について、「かわいそう」といった、心ない発言をする人が多いのは、とても残念なことです。

　一方で、「がんは、昔と違って治りやすくなった」とか「がんは慢性疾患として付き合っていく病気になりつつある」とか言う人もいます。筆者は、このような捉え方には、大きな違和感と強い怒りを覚えます。確かに、有効な抗がん剤の出現など、医療は日々進歩していますが、がんは、今も変わらず、「生きるために闘わなければならない病気」です。

　今回、本書に、がんを罹患した当事者の方々から多くの声をお寄せいただいて、改めて、「がんになって初めて気づくことがたくさんあるんだ」ということを感じました。

「いきる」
　「はたらく」
　　「かぞく」
　　　「ゆめ」

　いま生きているだけで奇跡であり、働ける体であるだけで健康であり、家族と一緒にいるだけで幸せであり……

　がんは、一見「何気ない日常」「当たり前のこと」が、本当はとてもありがたいことであり、奇跡なのだということを教えてくれる存在であるような気がします。

　プライベートもなく、患者さんたちのために一生懸命に治療に当たっている医師や医療スタッフの方々、有効な新薬の開発に寝食を惜しんで没頭している研究者の方々のおかげで、がん患者さんの生存率は、少しずつ伸びています。がんだからといって、悲観することはあ

りません。今は、主治医の先生を信じて治療に耐えるしかなくても、復職した時のご自身のイメージをいつも持って、毎日を大切に生きられることを切に願います。

　本当は復職を望んでいても、「会社に悪いから……」と、自己都合退職などでの離職を考えている方もいらっしゃるかもしれません。しかし、早まらないでください。

　「がんになっても働き続けられる社会」を目指す一歩として、2016年2月には『事業場における治療と職業生活の両立支援のためのガイドライン』が出され、同年12月にはがん対策基本法が改正されて、「事業者は、がん罹患社員の雇用継続に努めなければならない」ことになりました。時代の風は、がんになっても復職・就労継続できる労働環境を整える方向に向かって吹いています。

　皆さんが勤めてきた会社は、サッカー日本代表の試合でいえば、皆さんにとっての「ホームグラウンド」です。一方、いったん離職して新しい会社に就職できたとしても、その会社は、勝手がわからず、知り合いも少なく、周りからの目も厳しくなりがちな「アウェー」です。「アウェー」よりも「ホーム」のほうが、圧倒的に復職もしやすく、また、働き続けやすいでしょう。ご自身の「ホームグラウンド」に戻ることを第一に、会社によくお願いをして、治療に臨んでください。

　今回の筆者の調査で、フルタイムで復職するまでには、平均して約6か月半かかることが、初めて明らかになりました。

　このデータをもとに、会社に、「治療が一段落して、体力が戻るまで、待っていただけたらありがたい。だいたい6か月くらいです」とお願いしてもよいかもしれません。会社としても、先を見越すことができれば、安心して待つことができます。

　さて、ここで忘れてはならないことがあります。

　病院では、主治医の先生や看護師の方々など、多くのスタッフの方が、あなたの社会復帰を応援してくれると思いますが、「職場」とい

う世界では、あなたは一人の社員にすぎないということ——「職場は、病院やリハビリ施設ではない」ということです。

治療を終えて退院できたら、すぐに復職が可能となるわけではありません。

Q：毎日、決まった時間に起床して、決まった時間までに出社することができますか？

Q：上司などから与えられた仕事を、それなりにこなすことができますか？

Q：協調性を持って、組織の一員として勤務することができますか？

職場には、「利害関係の絡む"空気"」があります。

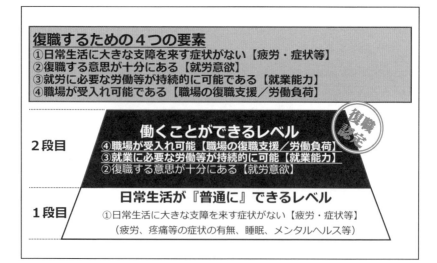

復職後の治療（抗がん剤の治療）、再発への不安などからくる睡眠障害やメンタルヘルス不調など、1段目の「生きる」部分が「ぐらぐら」揺らぎやすい状況であるのに、2段目の「働く」部分を維持しな

がら、働いていく——。

　がんを罹患した皆さんが、治療と両立しながら働き続けていくことは、想像以上に大変困難なこと。

　以下は、がんの治療のために休んでいる方向けのアドバイスです。「復職」という夢に向かって治療を頑張るあなたの参考になれば幸いです。

①治療で仕事を休まなければならないことがわかったら……

　いつまで休めるのか（身分保障期間）、いつまでお給料が出るのか（所得保障期間）、傷病手当金制度などについて、必ず確認してください。

　また、職場に対しては、病名、現在の治療方針、入院期間などについて伝えるとともに、できる限りの引継ぎを行うことが必要です。

　療養が必要な状況になった場合には、主治医の先生に「療養が必要である」旨の診断書を書いてもらい、職場に提出することが一般的だと思います。

②主治医の先生と面談する際には……

　主治医の先生に、今後の治療方針、仕事に戻れそうな時期、再発の可能性などをできる限り詳しく説明してもらい、それをメモして、記録として残しておくようにしましょう。

③治療が一段落したら……

　職場（総務人事労務担当・直属の上司）に電話などで連絡して、現

259

在の治療計画、自分の病状、いつぐらいに復職できそうか、主治医の意見などをメモしたものを見ながら、職場に伝えましょう。

その際、短時間勤務が許されるのか、仕事内容の変更が可能かなど、聞ける範囲で尋ねたりしてもよいかもしれません。

④自分自身の体力・気力がどの程度あるかを確認しよう

スムーズな復職の上では、自身の気力・体力が、元気に働いていた時の7割以上に回復するのを待つのがよいと思います。主治医の先生は、「すぐにでも仕事に戻りたい」と懇願すれば復職可能の診断書を書いてくれるかもしれませんが、気力・体力が十分に回復していない状況では、週に5日、通勤し続けることは困難で、突発休を生じたり再休務せざるを得なかったりすることも多くあります。

次の項目について、確認してみてください。

☑ **よく睡眠がとれていますか？**

☞ 寝つきが悪い、夜中に目が覚めるといったことはありませんか？ それなりに、よく眠れていますか？ 眠れないという場合には、早めに精神科の先生に相談することが必要です。

☑ **食事はきちんととれていますか？**

☞ 食事量は、気力・体力の回復に大きく影響します。

☑ **一定の頭脳労働が可能ですか？**

☞ 一定時間の読書ができますか？ 集中力は持続しますか？

☑ **一定の体力がありますか？**

☞ 息切れやだるさなどなく、それなりに生活できていますか？

職場復帰できるくらいまで体力・気力が回復するには、長い時間がかかります。

焦らず、慌てず、諦めず。
体力・気力が本来の7割まで回復するのを待ちましょう。

⑤復職できそうになったら……

　主治医の先生に、「就労可能」や「復職可能」と記載していただいて、その診断書を職場に提出することが一般的だと思います。
　職場が短時間勤務や時差出勤、作業内容の変更等、ある程度配慮してくれそうなのであれば、診断書に、「短時間勤務が望ましい」、「現時点で就労可能であるが、今後2か月程、外来での化学療法が継続する見込みである」といった記載もお願いしましょう。配慮すべき点が明確になっていると、職場も動きやすいものです。

⑥会社にお願いして、復職面談を設定してもらおう

　復職後の治療や勤務について、復職面談の場で、職場とよく相談するほうがよいかと思います。配慮してもらいたいことを明確にして、その旨を職場に相談しましょう。
　産業医がいる職場（50人以上の事業場）ならば、総務人事労務担当にお願いして産業医面談を設定してもらい、産業医に、復職のためのアドバイスをもらうとよいでしょう。

⑦気持ちが落ち込んで、夜あまり眠れないようなら……

　がんになった人の約3～5割に睡眠障害が生じ、特に、中途覚醒（夜中に目が覚めて眠れない）があることが知られています。メンタルヘルス不調を感じたら、迷わず、精神科医の診察を受けることをお勧めします。

261

⑧復職して、職場に戻ったら……

　職場の人には、日々、感謝の気持ちを伝えるようにしたほうがよいでしょう。サポートも受けやすくなります。

⑨職場に相談しづらい場合は……

　職場に相談しづらいこともあるでしょう。そんなときは、「がん相談ホットライン」などのがん相談窓口で相談してみるのもよいかもしれません。信頼できる産業医がいるなら、産業医に相談してもよいでしょう。

⑩復職したら……

　まずは、毎日職場に通勤できているだけで、十分です。気負わず、ぼちぼち職場に慣れていけばよいのです。

　「今日も職場に行けた自分」を、よく褒めてあげてください。

　（あまり大きな声ではいえませんが）「通勤できたら、その日の95％の仕事はこなしたようなもの」と（こっそり）考えるようにしましょう。

　「一人前に仕事をしないと」とか「せっかく復職できたんだから、一生懸命頑張らないと」とか、気負いすぎては、気力も体力も持ちません。継続して働けることにこそ意味があるのですから、自分の気力・体力と相談しながら、"低空飛行"でも長く働いていけるよう、ぼちぼち……でいきましょう。気力・体力の低下は時間だけが解決してくれると思って、まずは、毎日の体調管理にベストを尽くすことに集中しましょう。

　そして、復職から３か月、６か月、１年……徐々に「仕事をする身体」ができてくれば、少しずつ、働くペースもつかめてくるでしょう。

MEMO

がん相談支援センター

地域	がん相談支援センター名	問合せ先
北海道	北海道がんセンター がん相談支援センター	札幌市白石区菊水 4 条 2-3-54 直通　011-811-9118
	市立札幌病院 がん相談支援センター	札幌市中央区北 11 条西 13-1-1 直通　011-726-8101
	札幌医科大学附属病院 がん診療相談室	札幌市中央区南 1 条西 16-291 直通　011-688-9506
	札幌厚生病院 がん相談支援センター	札幌市中央区北 3 条東 8-5 代表　011-261-5331　（内線）2219
	北海道大学病院 がん相談支援センター	札幌市北区北 14 条西 5 直通　011-706-7040
	恵佑会札幌病院 相談支援センター がん相談室	札幌市白石区本通 14 丁目北 1-1 直通　011-863-2106
	KKR 札幌医療センター 地域連携・がん相談支援センター	札幌市豊平区平岸 1 条 6-3-40 直通　011-832-3260
	手稲渓仁会病院 がん相談支援センター	札幌市手稲区前田 1 条 12-1-40 直通　011-685-2976
	市立函館病院 がん相談支援センター	函館市港町 1-10-1 代表　0138-43-2000　（内線）3289
	函館五稜郭病院 がん相談支援室 （がん相談支援センター）	函館市五稜郭町 38-3 代表　0138-51-2295　（内線）6114
	小樽市立病院 がん相談支援センター	小樽市若松 1-1-1 直通　0134-25-1605
	市立旭川病院 がん相談支援センター	旭川市金星町 1-1-65 代表　0166-24-3181　（内線）5372
	日鋼記念病院 がん相談支援センター	室蘭市新富町 1-5-13 直通　0143-22-2225
	市立釧路総合病院 がん相談支援センター	釧路市春湖台 1-12 直通　0154-41-0014
	釧路労災病院 がん相談支援センター	釧路市中園町 13-23 代表　0154-22-7191
	北見赤十字病院 がん相談支援センター	北見市北 6 条東 2-1 代表　0157-24-3115　（内線）2201
	北海道中央労災病院 相談支援センター	岩見沢市 4 条東 16-5 代表　0126-22-1300　（内線）497

地域	がん相談支援センター名	問合せ先
北海道	王子総合病院 がん相談支援センター	苫小牧市若草町 3-4-8 代表　0144-32-8111　（内線）263
	砂川市立病院 がん相談支援センター	砂川市西 4 条北 3-1-1 代表　0125-54-2131
	旭川厚生病院 がん相談支援センター	旭川市 1 条通 24-111-3 直通　0166-38-2201
	旭川医科大学病院 がん相談支援センター	旭川市緑が丘東 2 条 1-1-1 直通　0166-69-3231
	帯広厚生病院 がん相談支援科	帯広市西 6 条南 8-1 代表　0155-24-4161　（内線）2503
青森県	青森県立中央病院 医療連携部（がん相談支援センター）	青森市東造道 2-1-1 直通　017-726-8435
	弘前大学医学部附属病院 がん相談支援センター	弘前市本町 53 直通　0172-39-5174
	十和田市立中央病院 がん相談支援センター	十和田市西十二番町 14-8 代表　0176-23-5121　（内線）2066
	三沢市立三沢病院 がん相談支援センター	三沢市大字三沢字堀口 164-65 直通　0176-51-1375
	一部事務組合下北医療センターむつ総合病院 がん相談支援センター	むつ市小川町 1-2-8 代表　0175-22-211　（内線）3351
	八戸市立市民病院 がん相談支援センター	八戸市大字田向字毘沙門平 1 直通　0178-72-5148
岩手県	岩手医科大学附属病院 がん患者支援情報室 （がん相談支援センター）	盛岡市内丸 19-1 直通　019-651-5677
	岩手県立中央病院 地域医療福祉連携室（医療相談室）	盛岡市上田 1-4-1 代表　019-653-1151　（内線）2118
	岩手県立宮古病院 がん相談支援センター （地域医療福祉連携室）	宮古市崎鍬ヶ崎第 1 地割 11-26 代表　0193-62-4011　（内線）2130
	岩手県立大船渡病院 気仙がん相談支援センター	大船渡市大船渡町字山馬越 10-1 代表　0192-26-1111
	岩手県立中部病院 がん相談支援センター	北上市村崎野 17 地割 10 代表　0197-71-1511　（内線）1070

地域	がん相談支援センター名	問合せ先
岩手県	岩手県立久慈病院 がん相談支援センター	久慈市旭町第10地割1 代表 0194-53-6131 （内線）6049
	岩手県立磐井病院 がん相談支援センター	一関市狐禅寺字大平17 代表 0191-23-3452
	岩手県立釜石病院 がん相談支援センター	釜石市甲子町第10地割483-6 代表 0193-25-2011
	岩手県立二戸病院 がん相談支援センター （カシオペアなんでも相談室）	二戸市堀野字大川原毛38-2 代表 0195-23-2191 （内線）5014
	岩手県立胆沢病院 がん相談支援センター	奥州市水沢区字龍ヶ馬場61 代表 0197-24-4121 （内線）1066
宮城県	東北大学病院 がん診療相談室 （がん診療相談支援センター）	仙台市青葉区星陵町1-1 直通 022-717-7115
	宮城県立がんセンター がん相談支援センター	名取市愛島塩手字野田山47-1 直通 022-381-1155
	東北労災病院 がん相談支援センター （地域医療連携センター内）	仙台市青葉区台原4-3-21 代表 022-275-1111 （内線）2124
	仙台医療センター 地域医療連携室・ がん相談支援センター	仙台市宮城野区宮城野2-8-8 直通 022-293-1118
	石巻赤十字病院 総合患者支援センター	石巻市蛇田字西道下71 代表 0225-21-7220 （内線）1140
	大崎市民病院 地域医療連携室 がん相談支援センター	大崎市古川穂波3-8-1 代表 0229-23-3311 （内線）1214
	みやぎ県南中核病院 がん診療相談支援室	柴田郡大河原町字西38-1 代表 0224-51-5500
秋田県	秋田大学医学部附属病院 地域医療患者支援センター・がん相談 支援センター	秋田市広面字蓮沼44-2 直通 018-884-6283
	秋田赤十字病院 がん相談支援センター	秋田市上北手猿田字苗代沢222-1 代表 018-829-5000 （内線）2182
	秋田厚生医療センター 医療相談室	秋田市飯島西袋1-1-1 代表 018-880-3000 （内線）2112
	能代厚生医療センター がん相談支援センター	能代市落合字上前田地内 代表 0185-52-3111 （内線）1127

地域	がん相談支援センター名	問合せ先
秋田県	平鹿総合病院 がん相談支援センター	横手市前郷字八ツ口 3-1 代表　0182-32-5121　（内線）2146
	大館市立総合病院 相談支援センター	大館市豊町 3-1 代表　0186-42-5370　（内線）5245
	雄勝中央病院 がん相談支援センター	湯沢市山田字勇ヶ岡 25 代表　0183-73-5000　（内線）6360
	由利組合総合病院 がん相談支援センター	由利本荘市川口字家後 38 代表　0184-27-1200　（内線）2384
	大曲厚生医療センター がん相談支援センター	大仙市大曲通町 8-65 代表　0187-63-2111　（内線）2135
山形県	山形県立中央病院 がん相談支援センター	山形市大字青柳 1800 直通　023-685-2757
	山形大学医学部附属病院 がん患者相談室	山形市飯田西 2-2-2 直通　023-628-5159
	日本海総合病院 がん相談支援センター	酒田市あきほ町 30 直通　0234-26-5282
	公立置賜総合病院 医療連携・相談室内　がん相談支援セ ンター	東置賜郡川西町大字西大塚 2000 代表　0238-46-5000　（内線）1901
	山形市立病院済生館 がん相談支援センター	山形市七日町 1-3-26 直通　023-634-7161
	山形県立新庄病院 がん相談支援センター	新庄市若葉町 12-55 代表　0233-22-5525　（内線）1285
福島県	福島県立医科大学附属病院 臨床腫瘍センター　がん相談支援セン ター	福島市光が丘 1 直通　024-547-1088
	会津中央病院 がん相談支援センター	会津若松市鶴賀町 1-1 直通　0242-25-1592
	坪井病院 相談支援センター	郡山市安積町長久保 1-10-13 直通　024-946-7630
	太田西ノ内病院 がん相談支援センター	郡山市西ノ内 2-5-20 直通　024-925-8833
	総合南東北病院 がん相談支援センター	郡山市八山田 7-115 直通　024-934-5564
	福島労災病院 相談支援センター （がん相談支援センター）	いわき市内郷綴町沼尻 3 直通　0246-45-2251

地域	がん相談支援センター名	問合せ先
福島県	いわき市立総合磐城共立病院 医療福祉相談室 がん相談支援センター	いわき市内郷御厩町久世原 16 直通　0246-26-3117
	白河厚生総合病院 がん相談支援センター	白河市豊地上弥次郎 2-1 代表　0248-22-2211　（内線）2170
	竹田綜合病院 がん相談支援センター	会津若松市山鹿町 3-27 直通　0242-29-9832
茨城県	茨城県立中央病院・茨城県地域がんセンター 相談支援センター	笠間市鯉淵 6528 直通　0296-78-5420
	株式会社日立製作所　日立総合病院・ 茨城県地域がんセンター がん相談支援センター／がん相談支援 室	日立市城南町 2-1-1 直通　0294-23-8776
	総合病院土浦協同病院・茨城県地域がんセンター 相談支援センター	土浦市おおつ野 4-1-1 代表 029-830-3711　（内線）3307
	友愛記念病院 がん相談支援センター	古河市東牛谷 707 直通　0280-97-3353
	筑波メディカルセンター病院・茨城県 地域がんセンター 患者家族相談支援センター・がん相談 支援センター	つくば市天久保 1-3-1 直通　029-858-5377
	筑波大学附属病院 がん相談支援センター	つくば市天久保 2-1-1 直通　029-853-7970
	株式会社 日立製作所 ひたちなか総合 病院 がん相談支援センタ	ひたちなか市石川町 20-1 直通　029-354-6843
	小山記念病院 がん相談支援センター	鹿嶋市厨 5-1-2 代表　0299-85-1111　（内線）102
	水戸医療センター 医療相談室・がん相談支援センター	東茨城郡茨城町桜の郷 280 代表　029-240-7711
	東京医科大学茨城医療センター 総合相談・支援センター	稲敷郡阿見町中央 3-20-1 直通　029-887-1157
	茨城西南医療センター病院 がん相談支援センター	猿島郡境町 2190 直通　0280-87-6704
栃木県	栃木県立がんセンター がん相談支援センター	宇都宮市陽南 4-9-13 直通　028-658-6484

地域	がん相談支援センター名	問合せ先
栃木県	栃木県済生会宇都宮病院 がん相談支援センター／医療相談・看護相談室	宇都宮市竹林町 911-1 代表　028-626-5500　（内線）3245
	佐野厚生総合病院 がん相談支援センター	佐野市堀米町 1728 代表　0283-22-5222　（内線）7313
	上都賀総合病院 がん相談支援センター	鹿沼市下田町 1-1033 代表　0289-64-2161　（内線）3120
	芳賀赤十字病院 がん相談支援センター	真岡市台町 2461 代表　0285-82-2195　（内線）267
	那須赤十字病院 がん相談支援センター	大田原市中田原 1081-4 直通　070-6459-8711
	自治医科大学附属病院 がん相談支援室	下野市薬師寺 3311-1 直通　0285-58-7107
	獨協医科大学病院 がん相談支援センター	下都賀郡壬生町北小林 880 直通　0282-87-2383
群馬県	前橋赤十字病院 がん相談支援センター	前橋市朝日町 3-21-36 代表　027-224-4585　（内線）2511
	高崎総合医療センター がん相談支援センター	高崎市高松町 36 代表　027-322-5901
	桐生厚生総合病院 がん相談支援センター	桐生市織姫町 6-3 直通　0277-44-7165
	伊勢崎市民病院 相談支援センター	伊勢崎市連取本町 12-1 代表　0270-25-5022　（内線）2220
	群馬県立がんセンター がん相談支援センター	太田市高林西町 617-1 直通　0276-60-0679
	沼田病院 相談支援センター	沼田市上原町 1551-4 直通　0278-25-7017
	渋川医療センター がん相談支援センター	渋川市白井 383 直通　0279-23-9229
	公立藤岡総合病院 がん相談支援センター	藤岡市藤岡 942-1 代表　0274-22-3311
	公立富岡総合病院 がん相談支援センター	富岡市富岡 2073-1 代表　0274-63-2111　（内線）2180
埼玉県	埼玉県立がんセンター 地域連携・相談支援センター	北足立郡伊奈町小室 780 代表　048-722-1111　（内線）2753

地域	がん相談支援センター名	問合せ先
埼玉県	自治医科大学附属さいたま医療センター がん相談支援センター	さいたま市大宮区天沼町 1-847 直通　048-648-5184
	さいたま赤十字病院 がん相談支援センター	さいたま市中央区新都心 1-5 直通　048-852-2861
	さいたま市立病院 がん相談支援センター （がんなんでも相談室）	さいたま市緑区三室 2460 代表　048-873-4111
	埼玉医科大学総合医療センター がん相談支援センター	川越市鴨田 1981 直通　049-228-3871
	川口市立医療センター 総合相談室・がん相談支援センター	川口市西新井宿 180 代表　048-287-2525　（内線）2126
	埼玉県済生会川口総合病院 がん相談支援センター	川口市西川口 5-11-5 直通　048-253-8941
	春日部市立医療センター 相談支援室・がん相談支援センター	春日部市中央 6-7-1 代表　048-735-1261　（内線）7363
	深谷赤十字病院 相談支援センター	深谷市上柴町西 5-8-1 代表　048-571-1511　（内線）6272
	獨協医科大学越谷病院 がん相談支援センター	越谷市南越谷 2-1-50 代表　048-965-1111　（内線）3500
	戸田中央総合病院 相談支援センター	戸田市本町 1-19-3 代表　048-442-1111　（内線）2244
	埼玉病院 がん相談支援センター	和光市諏訪 2-1 代表　048-462-1101
	埼玉医科大学国際医療センター がん相談支援センター	日高市山根 1397-1 直通　042-984-4329
千葉県	千葉医療センター がん相談支援センター	千葉市中央区椿森 4-1-2 直通　043-251-5320
	千葉大学医学部附属病院 がん相談支援センター	千葉市中央区亥鼻 1-8-1 直通　043-226-2298
	東京歯科大学市川総合病院 地域連携・医療福祉室	市川市菅野 5-11-13 代表　047-322-0151　（内線）2215
	船橋市立医療センター がん相談支援センター	船橋市金杉 1-21-1 代表　047-438-3321　（内線）2114
	君津中央病院 がん相談支援センター	木更津市桜井 1010 代表　0438-36-1071　（内線）2809

地域	がん相談支援センター名	問合せ先
千葉県	国保松戸市立病院 がん診療対策室	松戸市上本郷 4005 代表　047-363-2171　（内線）1667
	総合病院国保旭中央病院 がん相談支援センター	旭市イの 1326 代表　0479-63-8111　（内線）2150
	東京慈恵会医科大学附属柏病院 がん相談支援室（がん相談支援セン ター）・緩和ケア室	柏市柏下 163-1 直通　04-7167-9739
	国立がん研究センター東病院 サポーティブケアセンター／がん相談 支援センター	柏市柏の葉 6-5-1 直通　04-7134-6932
	千葉労災病院 がん相談支援センター	市原市辰巳台東 2-16 代表　0436-74-1111　（内線）31139
	亀田総合病院 がん相談支援センター	鴨川市東町 929 代表　0470-92-2211　（内線）7177
	順天堂大学医学部附属浦安病院 がん治療センター 相談支援室 （がん相談支援センター）	浦安市富岡 2-1-1 直通　047-382-1341
	日本医科大学千葉北総病院 がん相談支援センター	印西市鎌苅 1715 直通　0476-99-2057
	さんむ医療センター がん相談支援センター	山武市成東 167 代表　0475-82-2521　（内線）1273
東京都	東京都立駒込病院 相談支援センター （がん相談支援センター）	文京区本駒込 3-18-22 直通　03-6311-6891
	有明病院 がん相談支援センター	江東区有明 3-8-31 直通　03-3570-0419
	聖路加国際病院 相談・支援センター	中央区明石町 9-1 直通　03-5550-7098
	国立がん研究センター中央病院 相談支援センター	中央区築地 5-1-1 直通　03-3547-5293
	虎の門病院 相談支援センター がん相談窓口 （がん相談支援センター）	港区虎ノ門 2-2-2 直通　03-3588-1171
	東京慈恵会医科大学附属病院 がん相談支援センター	港区西新橋 3-19-18 直通　03-5400-1232
	慶應義塾大学病院 がん相談支援センター	新宿区信濃町 35 直通　03-5363-3285

地域	がん相談支援センター名	問合せ先
東京都	東京医科大学病院 総合相談・支援センター	新宿区西新宿 6-7-1 代表　03-3342-6111
	国立国際医療研究センター病院 がん相談支援センター	新宿区戸山 1-21-1 直通　03-5273-6823
	東京大学医学部附属病院 がん相談支援センター	文京区本郷 7-3-1 直通　03-5800-9061
	日本医科大学付属病院 がん相談支援センター（患者支援センター内）	文京区千駄木 1-1-5 直通　03-5814-6749
	順天堂大学医学部附属　順天堂医院 がん治療センター 患者相談室 （がん相談支援センター）	文京区本郷 3-1-3 直通　03-5802-8196
	東京医科歯科大学医学部附属病院 がん相談支援センター（腫瘍センター内）	文京区湯島 1-5-45 直通　03-5803-4008
	東京都立墨東病院 がん相談支援センター	墨田区江東橋 4-23-15 直通　03-4461-6272
	NTT 東日本関東病院 がん相談支援センター	品川区東五反田 5-9-22 直通　03-3448-6280
	昭和大学病院 総合相談センター （がん相談支援センター）	品川区旗の台 1-5-8 直通　03-3784-8775
	東京医療センター がん相談支援センター	目黒区東が丘 2-5-1 代表　03-3411-0111　（内線）5180
	東邦大学医療センター大森病院 がん相談支援センター	大田区大森西 6-11-1 代表　03-3762-4151
	日本赤十字社医療センター がん相談支援センター	渋谷区広尾 4-1-22 代表　03-3400-1311　（内線）2237
	東京女子医科大学東医療センター がん患者相談室 （がん相談支援センター）	荒川区西尾久 2-1-10 代表　03-3810-1111
	日本大学医学部附属板橋病院 がん相談支援センター	板橋区大谷口上町 30-1 直通　03-3972-0011
	帝京大学医学部附属病院 帝京がんセンター がん相談支援室 （がん相談支援センター）	板橋区加賀 2-11-1 直通　03-3964-3956
	東京医科大学八王子医療センター がん相談支援室	八王子市館町 1163 代表　042-665-5611　（内線）7481

地域	がん相談支援センター名	問合せ先
東京都	災害医療センター がん相談支援センター	立川市緑町 3256 直通　042-526-5613
	武蔵野赤十字病院 がん相談支援センター	武蔵野市境南町 1-26-1 代表　0422-32-3111　（内線）7558
	杏林大学医学部付属病院 がん相談支援センター	三鷹市新川 6-20-2 代表　0422-47-5511　（内線）2030
	青梅市立総合病院 がん相談支援センター	青梅市東青梅 4-16-5 代表　0428-22-3191
	東京都立多摩総合医療センター 相談支援センター	府中市武蔵台 2-8-29 直通　042-323-5263
	公立昭和病院 がん相談支援センター	小平市花小金井 8-1-1 直通　042-466-1802
神奈川県	神奈川県立がんセンター 患者支援センター （がん相談支援センター）	横浜市旭区中尾 2-3-2 直通　045-520-2211
	横浜市東部病院 がん相談支援センター	横浜市鶴見区下末吉 3-6-1 代表　045-576-3000　（内線）9068
	横浜市立みなと赤十字病院 がん相談支援センター	横浜市中区新山下 3-12-1 直通　045-628-6317
	横浜市立大学附属 市民総合医療センター がん相談支援センター	横浜市南区浦舟町 4-57 代表　045-261-5656　（内線）7800
	横浜市立市民病院 がん相談支援センター	横浜市保土ヶ谷区岡沢町 56 代表　045-331-1961　（内線）1117
	横浜市立大学附属病院 福祉・継続看護相談室 （がん相談支援センター）	横浜市金沢区福浦 3-9 直通　045-787-2823
	横浜労災病院 がん相談支援センター	横浜市港北区小机町 3211 代表　045-474-8111
	昭和大学横浜市北部病院 がん相談支援センター	横浜市都筑区茅ヶ崎中央 35-1 代表　045-949-7000　（内線）7205
	川崎市立井田病院 がん相談支援センター	川崎市中原区井田 2-27-1 直通　044-751-8280
	関東労災病院 がん相談支援センター	川崎市中原区木月住吉町 1-1 直通　044-435-5771
	聖マリアンナ医科大学病院 がん相談支援センター	川崎市宮前区菅生 2-16-1 代表　044-977-8111　（内線）81777

273

地域	がん相談支援センター名	問合せ先
神奈川県	相模原協同病院 患者総合支援センター・がん相談支援センター	相模原市緑区橋本 2-8-18 代表　042-772-4291　（内線）2155
	北里大学病院 がん相談支援センター	相模原市南区北里 1-15-1 直通　042-778-8438
	横須賀共済病院 がん相談支援センター	横須賀市米が浜通 1-16 代表　046-822-2710　（内線）2295
	藤沢市民病院 がん相談支援センター	藤沢市藤沢 2-6-1 代表　0466-25-3111　（内線）3187
	小田原市立病院 地域医療連携室 がん相談支援センター	小田原市久野 46 代表　0465-34-3175　（内線）3536
	大和市立病院 がん相談支援センター	大和市深見西 8-3-6 直通　046-260-3411
	東海大学医学部付属病院 がん相談支援センター	伊勢原市下糟屋 143 直通　0463-93-3805
新潟県	新潟県立がんセンター新潟病院 県立がんセンター新潟病院	新潟市中央区川岸町 2-15-3 直通　025-266-5161
	新潟市民病院 がん相談支援センター	新潟市中央区鐘木 463-7 代表　025-281-5151　（内線）1718
	新潟大学医歯学総合病院 がん相談支援センター	新潟市中央区旭町通 1 番町 754 直通　025-227-0891
	長岡中央綜合病院 がん相談支援センター	長岡市川崎町 2041 代表　0258-35-3700　（内線）3193
	長岡赤十字病院 がん相談支援センター	長岡市千秋 2-297-1 代表　0258-28-3600　（内線）2123
	新潟県立新発田病院 がん相談支援センター	新発田市本町 1-2-8 代表　0254-22-3121　（内線）1041
	新潟県立中央病院 がん相談支援センター	上越市新南町 205 代表　025-522-7711　（内線）2388
	新潟労災病院 相談支援室	上越市東雲町 1-7-12 代表　025-543-3123　（内線）1270
	佐渡総合病院 がん相談支援センター	佐渡市千種 161 直通　0259-63-6344
富山県	富山県立中央病院 がん相談支援センター	富山市西長江 2-2-78 代表　076-424-1531　（内線）9307
	富山大学附属病院 がん相談支援センター	富山市杉谷 2630 直通　076-434-7725

地域	がん相談支援センター名	問合せ先
富山県	厚生連高岡病院 がん相談支援室	高岡市永楽町 5-10 代表　0766-21-3930　（内線）2822
	高岡市民病院 がん相談支援センター	高岡市宝町 4-1 代表　0766-23-0204　（内線）5912
	富山労災病院 がん相談支援センター	魚津市六郎丸 992 直通　0765-22-1354
	黒部市民病院 がん相談支援センター	黒部市三日市 1108-1 代表　0765-54-2211　（内線）2805
	市立砺波総合病院 がん相談支援センター	砺波市新富町 1-61 代表　0763-32-3320
石川県	金沢大学附属病院 がん相談支援センター	金沢市宝町 13-1 直通　076-265-2040
	金沢医療センター がん相談支援センター	金沢市下石引町 1-1 直通　076-203-4581
	石川県立中央病院 がん相談支援センター	金沢市鞍月東 2-1 代表　076-237-8211　（内線）3341
	国民健康保険小松市民病院 がん相談支援センター	小松市向本折町ホ 60 代表　0761-22-7111　（内線）1150
	金沢医科大学病院 がん相談支援センター	河北郡内灘町大学 1-1 直通　076-218-8217
福井県	福井県立病院 がん相談支援センター	福井市四ツ井 2-8-1 代表　0776-54-5151　（内線）5211
	福井県済生会病院 がん相談支援センター	福井市和田中町舟橋 7-1 直通　0776-28-1212
	福井赤十字病院 がん相談窓口（がん相談支援センター）	福井市月見 2-4-1 直通　0776-36-3673
	敦賀医療センター がん相談支援センター	敦賀市桜ヶ丘町 33-1 代表　0770-25-1600
	福井大学医学部附属病院 がん相談支援センター（がん診療推進 センター 医療相談支援部門）	吉田郡永平寺町松岡下合月 23-3 代表　0776-61-3111　（内線）5882
山梨県	山梨県立中央病院 がん相談支援センター、地域連携セン ター	甲府市富士見 1-1-1 代表　055-253-7111　（内線）3912
	市立甲府病院 総合相談センター	甲府市増坪町 366 直通　055-244-3265

275

地域	がん相談支援センター名	問合せ先
山梨県	富士吉田市立病院 がん相談支援センター	富士吉田市上吉田 6530 代表　0555-22-4111　（内線）3104
	山梨厚生病院 総合相談センター医療福祉相談室「が ん相談支援室」	山梨市落合 860 直通　0553-26-1372
	山梨大学医学部附属病院 医療福祉支援センター	中央市下河東 1110 直通　055-273-9872
長野県	信州大学医学部附属病院 がん相談支援センター	松本市旭 3-1-1 直通　0263-37-3045
	長野赤十字病院 がん相談支援センター	長野市若里 5-22-1 直通　026-217-0558
	長野市民病院 がん相談支援センター	長野市大字富竹 1333-1 直通　026-295-1292
	相澤病院 がん患者・家族支援センター （がん相談支援センター）	松本市本庄 2-5-1 代表　0263-33-8600　（内線）7842
	信州上田医療センター がん相談支援センター	上田市緑が丘 1-27-21 直通　0268-22-1895
	飯田市立病院 がん相談支援センター	飯田市八幡町 438 代表　0265-21-1255　（内線）2191
	諏訪赤十字病院 がん相談支援センター	諏訪市湖岸通り 5-11-50 直通　0266-57-7502
	伊那中央病院 がん相談支援センター	伊那市小四郎久保 1313-1 代表　0265-72-3121
	北信総合病院 がん相談支援センター	中野市西 1-5-63 代表　0269-22-2151　（内線）5319
	佐久総合病院　佐久医療センター がん相談支援センター	佐久市中込 3400-28 直通　0267-88-7184
	長野県立木曽病院 がん相談支援センター	木曽郡木曽町福島 6613-4 代表　0264-22-2703　（内線）2191
岐阜県	岐阜大学医学部附属病院 がん相談支援センター	岐阜市柳戸 1-1 直通　058-230-7049
	岐阜県総合医療センター がん相談支援センター	岐阜市野一色 4-6-1 代表　058-246-1111
	岐阜市民病院 がん相談支援センター	岐阜市鹿島町 7-1 代表　058-251-1101　（内線）2236

地域	がん相談支援センター名	問合せ先
岐阜県	大垣市民病院 よろず相談・地域連携課、緩和ケアセンター	大垣市南頬町 4-86 代表 0584-81-3341 （内線）6174
	高山赤十字病院 がん相談支援センター	高山市天満町 3-11 代表 0577-32-1111 （内線）3380
	岐阜県立多治見病院 がん相談支援室	多治見市前畑町 5-161 代表 0572-22-5311 （内線）3820
	木沢記念病院 がん相談支援センター	美濃加茂市古井町下古井 590 直通 0574-24-1455
静岡県	静岡県立静岡がんセンター よろず相談	駿東郡長泉町下長窪 1007 直通 055-989-5710
	静岡県立総合病院 総合相談センター	静岡市葵区北安東 4-27-1 代表 054-247-6111 （内線）8130
	静岡市立静岡病院 がん相談支援センター	静岡市葵区追手町 10-93 代表 054-253-3125 （内線）2124
	総合病院 聖隷浜松病院 がん相談支援センター	浜松市中区住吉 2-12-12 直通 053-474-2666
	浜松医療センター 患者相談室 がん相談支援センター	浜松市中区富塚町 328 直通 053-451-2788
	浜松医科大学医学部附属病院 がん相談支援センター	浜松市東区半田山 1-20-1 直通 053-435-2146
	総合病院 聖隷三方原病院 がん相談支援センター	浜松市北区三方原町 3453 直通 053-439-9047
	国際医療福祉大学熱海病院 がん相談支援センター	熱海市東海岸町 13-1 直通 0557-81-7551
	富士市立中央病院 がん相談支援センター	富士市高島町 50 代表 0545-52-1131 （内線）2046
	磐田市立総合病院 がん相談支援センター	磐田市大久保 512-3 代表 0538-38-5000
	藤枝市立総合病院 がん相談支援センター	藤枝市駿河台 4-1-11 代表 054-646-1111 （内線）3052
	順天堂大学医学部附属静岡病院 がん相談支援センター	伊豆の国市長岡 1129 直通 0120-78-9914
愛知県	愛知県がんセンター中央病院 地域医療連携・相談支援センター	名古屋市千種区鹿子殿 1-1 代表 052-762-6111 （内線）3087
	名古屋第一赤十字病院 がん相談支援センター	名古屋市中村区道下町 3-35 直通 052-485-3503

地域	がん相談支援センター名	問合せ先
愛知県	名古屋医療センター 相談支援センター がん相談支援センター	名古屋市中区三の丸 4-1-1 直通 052-951-9011
	名古屋大学医学部附属病院 地域連携・患者相談センター／がん相談支援センター	名古屋市昭和区鶴舞町 65 直通 052-744-1976
	名古屋第二赤十字病院 がん相談支援センター	名古屋市昭和区妙見町 2-9 代表 052-832-1121
	名古屋市立大学病院 がん相談支援室 (がん相談支援センター)	名古屋市瑞穂区瑞穂町字川澄 1 代表 052-851-5511 (内線) 2014
	中京病院 がん相談支援センター「ひまわり」	名古屋市南区三条 1-1-10 代表 052-691-7151 (内線) 5613
	豊橋市民病院 がん相談支援センター (患者総合支援センター内)	豊橋市青竹町字八間西 50 直通 0532-33-6290
	愛知県がんセンター愛知病院 相談支援センター (がん相談支援センター)	岡崎市欠町字栗宿 18 代表 0564-21-6251 (内線) 2683
	一宮市立市民病院 がん相談支援センター (がん相談支援室)	一宮市文京 2-2-22 代表 0586-71-1911 (内線) 2034
	公立陶生病院 がん相談支援センター	瀬戸市西追分町 160 直通 070-5038-6270
	半田市立半田病院 がん相談支援センター	半田市東洋町 2-29 代表 0569-22-9881 (内線) 8390
	豊田厚生病院 がん相談支援センター	豊田市浄水町伊保原 500-1 代表 0565-43-5000 (内線) 1070
	安城更生病院 医療福祉相談室 がん相談支援センター	安城市安城町東広畔 28 代表 0566-75-2111 (内線) 3150
	小牧市民病院 がん相談支援センター	小牧市常普請 1-20 代表 0568-76-4131 (内線) 2105
	藤田保健衛生大学病院 がん相談支援センター	豊明市沓掛町田楽ヶ窪 1-98 直通 0562-93-2284
	海南病院 がん相談支援センター	弥富市前ヶ須町南本田 396 代表 0567-65-2511 (内線) 6300
三重県	三重大学医学部附属病院 医療福祉支援センター	津市江戸橋 2-174 直通 059-231-5434

地域	がん相談支援センター名	問合せ先
三重県	伊勢赤十字病院 がん相談支援センター	伊勢市船江 1-471-2 直通　0596-65-5151
	松阪中央総合病院 医療福祉相談室がん相談支援センター	松阪市川井町字小望 102 代表　0598-21-5252　（内線）2249
	鈴鹿中央総合病院 がん相談支援センター	鈴鹿市安塚町山之花 1275-53 直通　059-384-2226
滋賀県	滋賀県立成人病センター がん相談支援センター	守山市守山 5-4-30 直通　077-582-8141
	大津赤十字病院 がん相談支援センター	大津市長等 1-1-35 代表　077-522-4131　（内線）2188
	滋賀医科大学医学部附属病院 がん相談支援センター （腫瘍センター　がん相談支援部門）	大津市瀬田月輪町 直通　077-548-2859
	彦根市立病院 がん相談支援センター	彦根市八坂町 1882 代表　0749-22-6050　（内線）1255
	市立長浜病院 がん相談支援センター	長浜市大戌亥町 313 直通　0749-68-2354
	公立甲賀病院 がん相談支援センター	甲賀市水口町松尾 1256 直通　0748-65-1641
	高島市民病院 がん相談支援センター	高島市勝野 1667 代表　0740-36-0220
京都府	京都府立医科大学附属病院 がん相談支援センター	京都市上京区河原町通広小路上ル 梶井町 465 直通　075-251-5283
	京都大学医学部附属病院 がん相談支援センター	京都市左京区聖護院川原町 54 直通　075-366-7505
	京都第二赤十字病院 入退院支援課 （がん相談支援センター・患者相談窓口）	京都市上京区釜座通丸太町 上ル春帯町 355-5 直通　075-212-6122
	京都市立病院 総合相談窓口 がん相談支援センター	京都市中京区壬生東高田町 1-2 代表　075-311-5311　（内線）2116
	京都第一赤十字病院 がん相談支援センター	京都市東山区本町 15-749 直通　075-533-1297
	京都医療センター 地域医療連携室・がん相談支援センター	京都市伏見区深草向畑町 1-1 代表　075-641-9161
	京都桂病院 がん相談支援センター	京都市西京区山田平尾町 17 代表　075-391-5811

279

地域	がん相談支援センター名	問合せ先
京都府	市立福知山市民病院 がん相談支援センター	福知山市厚中町 231 代表　0773-22-2101
	京都中部総合医療センター がん相談支援センター	南丹市八木町八木上野 25 代表　0771-42-2510
	京都山城総合医療センター がん相談支援センター	木津川市木津駅前 1-27 代表　0774-72-0235
	京都岡本記念病院 がん相談支援センター	久世郡久御山町佐山西ノ口 58 直通　0774-46-5981
	京都府立医科大学附属北部医療センター がん相談支援センター	与謝郡与謝野町字男山 481 直通　0772-46-2009
大阪府	大阪国際がんセンター がん相談支援センター	大阪市中央区大手前 3-1-69 代表　06-6945-1181　（内線）2548
	大阪市立総合医療センター がん相談支援センター	大阪市都島区都島本通 2-13-22 直通　06-6929-3632
	大阪赤十字病院 がん相談支援センター	大阪市天王寺区筆ヶ崎町 5-30 直通　06-6774-5152
	大阪市立大学医学部附属病院 がん相談支援センター	大阪市阿倍野区旭町 1-5-7 直通　06-6645-2725
	大阪急性期・総合医療センター がん相談支援（緩和ケア）センター	大阪市住吉区万代東 3-1-56 代表　06-6692-1201　（内線）3236
	大阪医療センター がん相談支援センター	大阪市中央区法円坂 2-1-14 代表　06-6942-1331
	堺市立総合医療センター がん相談支援センター	堺市西区家原寺町 1 丁 1-1 直通　072-272-9970
	大阪労災病院 メディカルサポートセンター内がん相談支援センター	堺市北区長曽根町 1179-3 代表　072-252-3561　（内線）3767
	市立岸和田市民病院 がん相談支援センター（がん相談室）	岸和田市額原町 1001 代表　072-445-1000　（内線）1129
	市立豊中病院 がん相談支援センター	豊中市柴原町 4-14-1 代表　06-6843-0101　（内線）3125
	大阪大学医学部附属病院 がん相談支援センター	吹田市山田丘 2-15 直通　06-6879-5320
	大阪医科大学附属病院 がん相談支援センター	高槻市大学町 2-7 直通　072-684-6237

地域	がん相談支援センター名	問合せ先
大阪府	関西医科大学附属病院 がん相談支援センター	枚方市新町 2-3-1 直通　072-804-2985
	八尾市立病院 がん相談支援センター	八尾市龍華町 1-3-1 代表　072-922-0881　（内線）2517
	大阪南医療センター がん相談支援センター	河内長野市木戸東町 2-1 代表　0721-53-5761　（内線）5201
	市立東大阪医療センター がん相談支援センター	東大阪市西岩田 3-4-5 直通　06-6783-3466
	近畿大学医学部附属病院 がん相談支援センター	大阪狭山市大野東 377-2 直通　072-366-7096
兵庫県	兵庫県立がんセンター がん相談支援センター	明石市北王子町 13-70 代表　078-929-1151　（内線）518
	神戸大学医学部附属病院 がん相談室	神戸市中央区楠町 7-5-2 直通　078-382-5830
	神戸市立医療センター中央市民病院 がん相談支援センター	神戸市中央区港島南町 2-1-1 代表　078-302-4321
	神戸市立西神戸医療センター がん相談支援センター	神戸市西区糀台 5-7-1 代表　078-997-2200　（内線）4380
	姫路医療センター がん相談支援室	姫路市本町 68 代表　079-225-3211　（内線）480
	姫路赤十字病院 がん相談支援センター	姫路市下手野 1-12-1 直通　079-299-0037
	関西労災病院 がん相談支援センター	尼崎市稲葉荘 3-1-69 直通　06-4869-3390
	兵庫医科大学病院 がん相談支援センター　がん診療支援室	西宮市武庫川町 1-1 直通　0798-45-6762
	兵庫県立淡路医療センター がん相談支援センター	洲本市塩屋 1-1-137 直通　0799-24-5044
	近畿中央病院 総合医療相談室 （がん相談支援センター）	伊丹市車塚 3-1 代表　027-781-3712　（内線）663
	公立豊岡病院組合立豊岡病院 がん相談支援センター	豊岡市戸牧 1094 代表　0796-22-6111　（内線）2657
	赤穂市民病院 がん相談支援センター	赤穂市中広 1090 直通　0791-43-8734

地域	がん相談支援センター名	問合せ先
兵庫県	西脇市立西脇病院 がん相談支援センター	西脇市下戸田 652-1 代表　0795-22-0111　（内線）368
	兵庫県立柏原病院 がん相談支援センター	丹波市柏原町柏原 5208-1 直通　0795-72-4270
奈良県	奈良県立医科大学附属病院 がん相談支援センター	橿原市四条町 840 代表　0744-22-3051　（内線）1173
	奈良県総合医療センター がん相談支援センター	奈良市平松 1-30-1 代表　0742-46-6001　（内線）5555
	市立奈良病院 がん相談支援センター	奈良市東紀寺町 1-50-1 代表　0742-24-1251　（内線）5922
	天理よろづ相談所病院 がん相談支援センター	天理市三島町 200 代表　0743-63-5611　（内線）8276
	近畿大学医学部奈良病院 がん相談支援センター	生駒市乙田町 1248-1 代表　0743-77-0880　（内線）2902
	南奈良総合医療センター がん相談支援センター	吉野郡大淀町大字福神 8-1 直通　0747-54-5072
和歌山県	和歌山県立医科大学附属病院 がん相談支援センター	和歌山市紀三井寺 811-1 直通　073-441-0778
	日本赤十字社和歌山医療センター がん相談支援センター	和歌山市小松原通 4-20 代表　073-422-4171　（内線）1125
	橋本市民病院 がん相談支援室	橋本市小峰台 2-8-1 直通　0736-34-6116
	紀南病院 がん相談支援センター	田辺市新庄町 46-70 直通　0739-22-5118
	南和歌山医療センター 地域医療連携室	田辺市たきない町 27-1 直通　0120-92-8160
	公立那賀病院 がん相談支援センター	紀の川市打田 1282 直通　0736-78-2340
鳥取県	鳥取大学医学部附属病院 がん相談支援センター	米子市西町 36-1 直通　0859-38-6294
	鳥取県立中央病院 がん相談支援センター	鳥取市江津 730 直通　0857-21-8501
	鳥取市立病院 がん相談支援センター	鳥取市的場 1-1 直通　0857-37-1570
	米子医療センター がん相談支援センター	米子市車尾 4-17-1 直通　0859-37-3930

地域	がん相談支援センター名	問合せ先
鳥取県	鳥取県立厚生病院 がん相談支援センター	倉吉市東昭和町 150 代表　0858-22-8181　（内線）2271
島根県	島根大学医学部附属病院 がん患者・家族サポートセンター （がん相談支援センター）	出雲市塩冶町 89-1 直通　0853-20-2518
	松江市立病院 がん相談支援センター	松江市乃白町 32-1 直通　0852-60-8083
	松江赤十字病院 がん相談支援センター	松江市母衣町 200 直通　0852-32-6901
	浜田医療センター がん相談支援センター	浜田市浅井町 777-12 直通　0855-28-7096
	島根県立中央病院 がん相談支援センター	出雲市姫原 4-1-1 直通　0853-30-6500
岡山県	岡山大学病院 総合患者支援センター	岡山市北区鹿田町 2-5-1 直通　086-235-7744
	岡山済生会総合病院 がん相談支援センター	岡山市北区国体町 2-25 （※岡山済生会総合病院附属外来セ ンター：岡山市北区伊福町 1-17-18) 代表　086-252-2211　（内線）11240
	岡山赤十字病院 がん相談支援センター	岡山市北区青江 2-1-1 直通　086-222-8827
	岡山医療センター がん相談支援センター	岡山市北区田益 1711-1 代表　086-294-9911　（内線）8076
	倉敷中央病院 がん相談支援センター	倉敷市美和 1-1-1 直通　086-422-5063
	川崎医科大学附属病院 がん相談支援センター	倉敷市松島 577 代表　086-462-1111　（内線）22616
	津山中央病院 がん診療相談支援センター	津山市川崎 1756 代表　0868-21-8111　（内線）3831
	高梁中央病院 がん相談支援センター	高梁市南町 53 直通　0866-22-3939
	金田病院 相談支援センター	真庭市西原 63 代表　0867-52-1191
広島県	広島大学病院 患者支援センター・がん治療センター がん医療相談（がん相談支援センター）	広島市南区霞 1-2-3 直通　082-257-1525

地域	がん相談支援センター名	問合せ先
広島県	広島市立広島市民病院 がん相談支援センター （がん相談支援室）	広島市中区基町 7-33 直通　082-221-1351
	広島赤十字・原爆病院 がん相談支援センター	広島市中区千田町 1-9-6 直通　082-241-3477
	県立広島病院 がん相談支援センター	広島市南区宇品神田 1-5-54 直通　082-256-3561
	広島市立安佐市民病院 がん相談支援センター	広島市安佐北区可部南 2-1-1 直通　082-815-5533
	呉医療センター がん相談支援センター	呉市青山町 3-1 直通　0823-24-6358
	尾道総合病院 医療福祉支援センター （がん相談支援センター）	尾道市平原 1-10-23 代表　0848-22-8111　（内線）3108
	福山市民病院 がん相談支援センター	福山市蔵王町 5-23-1 代表　084-941-5151　（内線）3147
	市立三次中央病院 がん相談支援センター	三次市東酒屋町字敦盛 531 直通　0824-65-0239
	東広島医療センター 医療相談支援センター　がん相談支援 センター	東広島市西条町寺家 513 直通　082-493-6487
	廣島総合病院 がん相談支援センター	廿日市市地御前 1-3-3 直通　0829-36-3270
山口県	山口大学医学部附属病院 がん相談支援センター	宇部市南小串 1-1-1 直通　0836-22-2473
	山口県済生会下関総合病院 がん相談支援センター	下関市安岡町 8-5-1 代表　083-262-2300　（内線）2186
	都志見病院 地域連携室（がん相談窓口）	萩市大字江向 413-1 直通　0838-22-2878
	山口県立総合医療センター がん相談支援センター	防府市大崎 77 直通　0835-22-5145
	岩国医療センター 地域医療連携室がん相談支援センター	岩国市愛宕町 1-1-1 直通　0827-35-5645
	長門総合病院 がん相談支援センター	長門市東深川 85 直通　0837-22-2518
	周東総合病院 がん相談支援センター	柳井市古開作 1000-1 直通　0820-22-3458

地域	がん相談支援センター名	問合せ先
山口県	徳山中央病院 がん相談支援センター	周南市孝田町 1-1 直通　0834-34-8821
徳島県	徳島大学病院 がん相談支援センター	徳島市蔵本町 2-50-1 直通　088-633-9438
	徳島県立中央病院 がん相談支援センター	徳島市蔵本町 1-10-3 代表　088-631-7151　（内線）2101
	徳島市民病院 患者支援センター・ がん相談支援センター	徳島市北常三島町 2-34 代表　088-622-5121
	徳島赤十字病院 医療・がん相談支援センター	小松島市小松島町字井利ノ口 103 代表　0885-32-2555　（内線）3167
	徳島県立三好病院 がん相談支援センター	三好市池田町シマ 815-2 代表　0883-72-1131　（内線）1153
香川県	香川大学医学部附属病院 がん相談支援センター	木田郡三木町池戸 1750-1 直通　087-891-2473
	香川県立中央病院 地域医療連携課 がん相談支援センター	高松市朝日町 1-2-1 代表　087-811-3333　（内線）2204
	高松赤十字病院 がん相談支援センター	高松市番町 4-1-3 代表　087-831-7101　（内線）1171
	香川労災病院 医療・看護・がん相談支援センター	丸亀市城東町 3-3-1 代表　0877-23-3111　（内線）3100
	三豊総合病院 がん相談支援センター	観音寺市豊浜町姫浜 708 代表　0875-52-3366　（内線）1170
愛媛県	四国がんセンター がん相談支援センター	松山市南梅本町甲 160 直通　089-999-1114
	愛媛県立中央病院 がん相談支援センター	松山市春日町 83 直通　089-987-6270
	松山赤十字病院 がん相談支援センター	松山市文京町 1 直通　089-926-9516
	済生会今治病院 総合医療支援室・がん相談支援センター	今治市喜田村 7-1-6 直通　0898-47-6048
	市立宇和島病院 がん相談支援センター	宇和島市御殿町 1-1 直通　0895-26-6550
	住友別子病院 医療相談支援センター・がん相談支援センター	新居浜市王子町 3-1 直通　0897-37-7133

地域	がん相談支援センター名	問合せ先
愛媛県	愛媛大学医学部附属病院 総合診療サポートセンター	東温市志津川 直通　089-960-5261
高知県	高知大学医学部附属病院 がん相談支援センター	南国市岡豊町小蓮 185-1 直通　088-880-2179
	高知医療センター がん相談支援センター	高知市池 2125-1 直通　088-837-3863
	高知県立幡多けんみん病院 がん相談支援センター	宿毛市山奈町芳奈 3-1 代表　0880-66-2222　（内線）2803
福岡県	九州大学病院 がん相談支援センター	福岡市東区馬出 3-1-1 直通　092-642-5200
	九州がんセンター がん相談支援センター	福岡市南区野多目 3-1-1 直通　092-541-8100
	産業医科大学病院 がんセンターがん相談支援センター	北九州市八幡西区医生ヶ丘 1-1 直通　093-691-7162
	北九州市立医療センター がん相談支援センター	北九州市小倉北区馬借 2-1-1 代表　093-541-1831　（内線）6843
	九州病院 がん相談支援センター	北九州市八幡西区岸の浦 1-8-1 直通　093-641-9715
	九州医療センター がん相談支援センター	福岡市中央区地行浜 1-8-1 直通　092-836-5008
	福岡県済生会福岡総合病院 がん相談支援センター	福岡市中央区天神 1-3-46 代表　092-771-8151　（内線）6400
	福岡大学病院 相談支援センター	福岡市城南区七隈 7-45-1 代表　092-801-1011　（内線）2104
	大牟田市立病院 がん相談支援センター	大牟田市宝坂町 2-19-1 代表　0944-53-1061　（内線）2322
	久留米大学病院 がん相談支援センター	久留米市旭町 67 直通　0942-31-7903
	聖マリア病院 医療に関する相談窓口　がん相談支援 センター	久留米市津福本町 422 代表　0942-35-3322　（内線）2017
	飯塚病院 がん相談支援センター	飯塚市芳雄町 3-83 直通　0948-29-8925
	社会保険田川病院 がん相談支援センター	田川市上本町 10-18 直通　0947-44-0463
	公立八女総合病院 総合相談窓口・がん相談支援センター	八女市高塚 540-2 代表　0943-23-4131　（内線）2134

地域	がん相談支援センター名	問合せ先
福岡県	福岡大学筑紫病院 がん相談支援センター	筑紫野市俗明院 1-1-1 代表　092-921-1011　（内線）7223
	福岡東医療センター がん相談支援センター	古賀市千鳥 1-1-1 直通　0120-212-454
	朝倉医師会病院 がん相談支援センター	朝倉市来春 422-1 代表　0946-23-0077　（内線）7391
佐賀県	佐賀大学医学部附属病院 地域医療連携室 （がん相談支援センター）	佐賀市鍋島 5-1-1 直通　0952-34-3113
	佐賀県医療センター好生館 がん相談支援センター	佐賀市嘉瀬町大字中原 400 直通　0952-28-1210
	唐津赤十字病院 がん相談支援センター	唐津市和多田 2430 直通　0955-74-9135
	嬉野医療センター がん相談支援センター	嬉野市嬉野町大字下宿丙 2436 代表　0954-43-1120　（内線）236
長崎県	長崎大学病院 がん相談支援室 （がん相談支援センター）	長崎市坂本 1-7-1 直通　095-819-7779
	長崎みなとメディカルセンター がん相談支援センター	長崎市新地町 6-39 代表　095-822-3251　（内線）3104
	日本赤十字社長崎原爆病院 医療社会事業部 （がん相談支援センター）	長崎市茂里町 3-15 代表　095-847-1511　（内線）1169
	佐世保市総合医療センター がん相談支援センター	佐世保市平瀬町 9-3 代表　0956-24-1515　（内線）6932
	長崎県島原病院 医療相談室	島原市下川尻町 7895 代表　0957-63-1145　（内線）106
	長崎医療センター 医療相談支援センター 患者サポート室	大村市久原 2-1001-1 代表　0957-52-3121　（内線）5922
熊本県	熊本大学医学部附属病院 がん相談支援センター	熊本市中央区本荘 1-1-1 直通 096-373-5676
	熊本医療センター 地域医療連携室 がん相談支援センター	熊本市中央区二の丸 1-5 代表　096-353-6501　（内線）5925
	熊本赤十字病院 がん相談支援センター	熊本市東区長嶺南 2-1-1 代表　096-384-2111　（内線）6870

287

地域	がん相談支援センター名	問合せ先
熊本県	済生会熊本病院 100 相談支援センター／がん相談支援 センター	熊本市南区近見 5-3-1 直通　096-351-1022
	熊本労災病院 がん相談支援センター	八代市竹原町 1670 代表　0965-33-4151　（内線）292
	人吉医療センター 相談支援センター	人吉市老神町 35 代表　0966-22-2191　（内線）240
	荒尾市民病院 がん相談支援センター	荒尾市荒尾 2600 代表　0968-63-1115　（内線）536
大分県	大分大学医学部附属病院 がん相談支援センター	由布市挟間町医大ヶ丘 1-1 直通　097-586-6376
	大分赤十字病院 がん相談支援センター	大分市千代町 3-2-37 代表　097-532-6181　（内線）319
	大分県立病院 がん相談支援センター	大分市大字豊饒 476 直通　097-546-7062
	別府医療センター がん相談支援センター	別府市大字内竈 1473 代表　0977-67-1111　（内線）275
	中津市立中津市民病院 相談支援センター	中津市大字下池永 173 直通　0979-22-6521
	大分県済生会日田病院 がん相談支援センター	日田市大字三和 643-7 直通　0973-22-8772
宮崎県	宮崎大学医学部附属病院 患者支援センター	宮崎市清武町木原 5200 直通　0985-85-1909
	県立宮崎病院 がん相談窓口（がん相談支援センター）	宮崎市北高松町 5-30 直通　0985-38-4107
	国立病院機構都城医療センター がん相談支援センター	都城市祝吉町 5033-1 代表　0986-23-4111
鹿児島県	鹿児島大学病院 がん相談支援センター	鹿児島市桜ヶ丘 8-35-1 直通　099-275-5970
	鹿児島医療センター がん相談支援センター	鹿児島市城山町 8-1 代表　099-223-1151
	鹿児島市立病院 がん相談支援センター	鹿児島市上荒田町 37-1 直通　099-230-7100
	今給黎総合病院 がん相談支援センター	鹿児島市下竜尾町 4-16 代表　099-226-2211
	相良病院 がん相談支援センター	鹿児島市松原町 3-31 直通　099-216-3360

地域	がん相談支援センター名	問合せ先
鹿児島県	県民健康プラザ鹿屋医療センター がん相談支援センター	鹿屋市札元 1-8-8 直通　0994-42-0981
	出水郡医師会広域医療センター 地域医療連携室	阿久根市赤瀬川 4513 直通　0996-73-1542
	種子島医療センター 地域医療連携室	西之表市西之表 7463 代表　0997-22-0960　（内線）575
	済生会川内病院 がん相談支援センター	薩摩川内市原田町 2-46 代表　0996-23-5221
	鹿児島県立薩南病院 がん相談支援センター	南さつま市加世田高橋 1968-4 代表　0993-53-5300　（内線）351
	鹿児島県立大島病院 がん相談支援センター	奄美市名瀬真名津町 18-1 直通　0997-52-3626
	南九州病院 がん相談支援センター	姶良市加治木町木田 1882 直通　0995-62-3677
沖縄県	琉球大学医学部附属病院 がん相談支援センター	中頭郡西原町字上原 207 直通　098-895-1507
	那覇市立病院 がん相談支援センター	那覇市古島 2-31-1 代表　098-884-5111　（内線）127
	沖縄県立八重山病院 がん相談支援センター	石垣市大川 732 代表　0980-83-2525　（内線）280
	北部地区医師会病院 がん相談支援センター	名護市字宇茂佐 1712-3 代表　0980-54-1111　（内線）2128
	沖縄県立中部病院 がん相談支援センター	うるま市字宮里 281 代表　098-973-4111　（内線）3232
	沖縄県立宮古病院 がん支援相談センター	宮古島市平良字下里 427-1 代表　0980-72-3151　（内線）1129

(2017 年 7 月)

産業保健総合支援センター

産業保健総合 支援センター名	所在	連絡先
北海道産業保健総合 支援センター	〒060-0001 北海道札幌市中央区北1条西7-1 プレスト1・7ビル2F	TEL 011-242-7701 FAX 011-242-7702
青森産業保健総合 支援センター	〒030-0862 青森県青森市古川2-20-3 朝日生命青森ビル8F	TEL 017-731-3661 FAX 017-731-3660
岩手産業保健総合 支援センター	〒020-0045 岩手県盛岡市盛岡駅西通2-9-1 マリオス14F	TEL 019-621-5366 FAX 019-621-5367
宮城産業保健総合 支援センター	〒980-6015 宮城県仙台市青葉区中央4-6-1 住友生命仙台中央ビル15F	TEL 022-267-4229 FAX 022-267-4283
秋田産業保健総合 支援センター	〒010-0874 秋田県秋田市千秋久保田町6-6 秋田県総合保健センター4F	TEL 018-884-7771 FAX 018-884-7781
山形産業保健総合 支援センター	〒990-0047 山形県山形市旅篭町3-1-4 食糧会館4F	TEL 023-624-5188 FAX 023-624-5250
福島産業保健総合 支援センター	〒960-8031 福島県福島市栄町6-6 NBFユニックスビル10F	TEL 024-526-0526 FAX 024-526-0528
茨城産業保健総合 支援センター	〒310-0021 茨城県水戸市南町3-4-10 水戸FFセンタービル8F	TEL 029-300-1221 FAX 029-227-1335
栃木産業保健総合 支援センター	〒320-0811 栃木県宇都宮市大通り1-4-24 MSCビル4F	TEL 028-643-0685 FAX 028-643-0695
群馬産業保健総合 支援センター	〒371-0022 群馬県前橋市千代田町1-7-4 群馬メディカルセンタービル2F	TEL 027-233-0026 FAX 027-233-9966
埼玉産業保健総合 支援センター	〒330-0063 埼玉県さいたま市浦和区高砂2-2-3 さいたま浦和ビルディング6F	TEL 048-829-2661 FAX 048-829-2660
千葉産業保健総合 支援センター	〒260-0013 千葉県千葉市中央区中央3-3-8 オーク千葉中央ビル8F	TEL 043-202-3639 FAX 043-202-3638

産業保健総合支援センター名	所在	連絡先
東京産業保健総合支援センター	〒 102-0075 東京都千代田区三番町 6-14 日本生命三番町ビル 3F	TEL 03-5211-4480 FAX 03-5211-4485
神奈川産業保健総合支援センター	〒 221-0835 神奈川県横浜市神奈川区鶴屋町 3-29-1 第 6 安田ビル 3F	TEL 045-410-1160 FAX 045-410-1161
新潟産業保健総合支援センター	〒 951-8055 新潟県新潟市中央区礎町通二ノ町 2077 朝日生命新潟万代橋ビル 6F	TEL 025-227-4411 FAX 025-227-4412
富山産業保健総合支援センター	〒 930-0856 富山県富山市牛島新町 5-5 インテックビル 4F	TEL 076-444-6866 FAX 076-444-6799
石川産業保健総合支援センター	〒 920-0031 石川県金沢市広岡 3-1-1 金沢パークビル 9F	TEL 076-265-3888 FAX 076-265-3887
福井産業保健総合支援センター	〒 910-0006 福井県福井市中央 1-3-1 加藤ビル 7F	TEL 0776-27-6395 FAX 0776-27-6397
山梨産業保健総合支援センター	〒 400-0031 山梨県甲府市丸の内 2-32-11 山梨県医師会館 4F	TEL 055-220-7020 FAX 055-220-7021
長野産業保健総合支援センター	〒 380-0936 長野県長野市岡田町 215-1 日本生命長野ビル 4F	TEL 026-225-8533 FAX 026-225-8535
岐阜産業保健総合支援センター	〒 500-8844 岐阜県岐阜市吉野町 6-16 大同生命・廣瀬ビル B1F	TEL 058-263-2311 FAX 058-263-2366
静岡産業保健総合支援センター	〒 420-0034 静岡県静岡市葵区常磐町 2-13-1 住友生命静岡常磐町ビル 9F	TEL 054-205-0111 FAX 054-205-0123
愛知産業保健総合支援センター	〒 460-0004 愛知県名古屋市中区新栄町 2-13 栄第一生命ビルディング 9F	TEL 052-950-5375 FAX 052-950-5377
三重産業保健総合支援センター	〒 514-0003 三重県津市桜橋 2-191-4 三重県医師会館ビル 5F	TEL 059-213-0711 FAX 059-213-0712

産業保健総合支援センター名	所在	連絡先
滋賀産業保健総合支援センター	〒520-0047 滋賀県大津市浜大津 1-2-22 大津商中日生ビル 8F	TEL 077-510-0770 FAX 077-510-0775
京都産業保健総合支援センター	〒604-8186 京都府京都市中京区 車屋町通御池下ル梅屋町 361-1 アーバネックス御池ビル東館 5F	TEL 075-212-2600 FAX 075-212-2700
大阪産業保健総合支援センター	〒540-0033 大阪府大阪市中央区石町 2-5-3 エル・おおさか南館 9F	TEL 06-6944-1191 FAX 06-6944-1192
兵庫産業保健総合支援センター	〒651-0087 兵庫県神戸市中央区御幸通 6-1-20 ジイテックスアセントビル 8F	TEL 078-230-0283 FAX 078-230-0284
奈良産業保健総合支援センター	〒630-8115 奈良県奈良市大宮町 1-1-32 奈良交通第 3 ビル 3F	TEL 0742-25-3100 FAX 0742-25-3101
和歌山産業保健総合支援センター	〒640-8137 和歌山県和歌山市吹上 2-1-22 和歌山県日赤会館 7F	TEL 073-421-8990 FAX 073-421-8991
鳥取産業保健総合支援センター	〒680-0846 鳥取県鳥取市扇町 115-1 鳥取駅前第一生命ビルディング 6F	TEL 0857-25-3431 FAX 0857-25-3432
島根産業保健総合支援センター	〒690-0003 島根県松江市朝日町 477-17 明治安田生命松江駅前ビル 7F	TEL 0852-59-5801 FAX 0852-59-5881
岡山産業保健総合支援センター	〒700-0907 岡山県岡山市北区下石井 2-1-3 岡山第一生命ビルディング 12F	TEL 086-212-1222 FAX 086-212-1223
広島産業保健総合支援センター	〒730-0011 広島県広島市中区基町 11-13 合人社広島紙屋町アネクス 5F	TEL 082-224-1361 FAX 082-224-1371
山口産業保健総合支援センター	〒753-0051 山口県山口市旭通り 2-9-19 山口建設ビル 4F	TEL 083-933-0105 FAX 083-933-0106
徳島産業保健総合支援センター	〒770-0847 徳島県徳島市幸町 3-61 徳島県医師会館 3F	TEL 088-656-0330 FAX 088-656-0550

産業保健総合 支援センター名	所在	連絡先
香川産業保健総合 支援センター	〒760-0025 香川県高松市古新町 2-3 三井住友海上高松ビル 4F	TEL 087-826-3850 FAX 087-826-3830
愛媛産業保健総合 支援センター	〒790-0011 愛媛県松山市千舟町 4-5-4 松山千舟４５４ビル 2F	TEL 089-915-1911 FAX 089-915-1922
高知産業保健総合 支援センター	〒780-0870 高知県高知市本町 4-1-8 高知フコク生命ビル 7F	TEL 088-826-6155 FAX 088-826-6151
福岡産業保健総合 支援センター	〒812-0016 福岡県福岡市博多区博多駅南 2-9-30 福岡県メディカルセンタービル 1F	TEL 092-414-5264 FAX 092-414-5239
佐賀産業保健総合 支援センター	〒840-0816 佐賀県佐賀市駅南本町 6-4 佐賀中央第一生命ビル 4F	TEL 0952-41-1888 FAX 0952-41-1887
長崎産業保健総合 支援センター	〒852-8117 長崎県長崎市平野町 3-5 建友社ビル 3F	TEL 095-865-7797 FAX 095-848-1177
熊本産業保健総合 支援センター	〒860-0806 熊本県熊本市中央区花畑町 9-24 住友生命熊本ビル 3F	TEL 096-353-5480 FAX 096-359-6506
大分産業保健総合 支援センター	〒870-0046 大分県大分市荷揚町 3-1 いちご・みらい信金ビル 6F	TEL 097-573-8070 FAX 097-573-8074
宮崎産業保健総合 支援センター	〒880-0806 宮崎県宮崎市広島 1-18-7 大同生命宮崎ビル 6F	TEL 0985-62-2511 FAX 0985-62-2522
鹿児島産業保健総合 支援センター	〒890-0052 鹿児島県鹿児島市上之園町 25-1 中央ビル 4F	TEL 099-252-8002 FAX 099-252-8003
沖縄産業保健総合 支援センター	〒901-0152 沖縄県那覇市字小禄 1831-1 沖縄産業支援センター2F	TEL 098-859-6175 FAX 098-859-6176

(2017 年 9 月)

謝　辞

　まず、恩師である5名の先生方に感謝の気持ちを表したい。いつも懇切丁寧に指導してくださる、順天堂大学医学部公衆衛生学講座教授・谷川武先生、東京女子医科大学医学部衛生学公衆衛生学第二講座教授・山口直人先生。大学院時代に「よく学び、よく遊べ」と、疫学研究の基礎と社会的意義をご指導くださった、獨協医科大学名誉教授・武藤孝司先生。復職理論の基礎を筆者に教授してくださった、湯原幹男先生と菊池悟先生。この場を借りて、厚く御礼申し上げたい。

　そして、現在、筆者と国際共同研究を行っている、がんサバイバーシップ研究の世界的な大家であるアメリカの Michael Feuerstein 先生、オランダの Angela de Boer 先生にも感謝を申し上げたい。また、筆者のがんサバイバーシップ研究を研究助成で支えてくださった、産業医学振興財団、日本対がん協会の皆々様にも感謝を申し上げたい。

　さらに、全国各地の「がん治療と就労の両立支援」の講演会で出会った方々、意見交換させていただいた先生方、産業医の先生方や産業看護職の皆々様、社会保険労務士の先生方、新聞社や出版社をはじめとするメディアの皆々様、そして、産業医等でお世話になっている企業の皆々様、母校・福井県立大野高校、順天堂大学、獨協医科大学、産業医科大学、東京女子医科大学の先生方にも御礼申し上げたい。

　そして最後に、「仕事と家庭の両立ができていない遠藤源樹」を支え続けてくれる妻や両親、義父と義母、家族にも、最大限の感謝の気持ちを捧げたい。

【著者略歴】

遠藤 源樹（えんどう もとき）
順天堂大学 医学部公衆衛生学講座 准教授

福井県大野市出身。2003年産業医科大学医学部卒業。医師、医学博士、日本産業衛生学会専門医（産業衛生専門医）、公衆衛生専門家等。
国の厚生労働科学研究・遠藤班「がん患者の就労継続及び職場復帰に資する研究」の研究代表を務めるなど、治療と就労の両立支援の第一人者。100社以上の大企業・中小企業の産業医として多くのがん患者等の就労支援を行ってきた経験と、日本初の「がん罹患社員の病休・復職実態追跡調査」（病休・復職コホート研究）等のデータをもとに、全国各地で講演するなど精力的に活動。毎日新聞、日本経済新聞、読売新聞、労政時報、東洋経済等にも多数掲載。
2014年4月から東京女子医科大学医学部衛生学公衆衛生学第二講座助教。2017年8月から現職。主な研究テーマは、「治療等と就労の両立支援（がん・脳卒中・心筋梗塞・妊娠・不妊治療・メンタルヘルス不調と就労）」。

企業ができる がん治療と就労の両立支援実務ガイド	平成 29 年 9 月 20 日　初版発行

検印省略

著　者　遠　藤　源　樹
発行者　青　木　健　次
編集者　岩　倉　春　光
印刷所　日本ハイコム
製本所　国　宝　社

〒 101 - 0032
東京都千代田区岩本町 1 丁目 2 番 19 号
http://www.horei.co.jp/

（営　業）　TEL　03 - 6858 - 6967　　E メール　syuppan@horei.co.jp
（通　販）　TEL　03 - 6858 - 6966　　E メール　book.order@horei.co.jp
（編　集）　FAX　03 - 6858 - 6957　　E メール　tankoubon@horei.co.jp

（バーチャルショップ）　http://www.horei.co.jp/shop
（お詫びと訂正）　http://www.horei.co.jp/book/owabi.shtml

※万一、本書の内容に誤記等が判明した場合には、上記「お詫びと訂正」に最新情報を掲載しております。ホームページに掲載されていない内容につきましては、FAX または E メールで編集までお問合せください。

・乱丁、落丁本は直接弊社出版部へお送りくださればお取替えいたします。
・ JCOPY 〈出版者著作権管理機構 委託出版物〉
本書の無断複製は著作権法上での例外を除き禁じられています。複製される場合は、そのつど事前に、出版者著作権管理機構（電話 03-3513-6969、FAX 03-3513-6979、e-mail: info@jcopy.or.jp）の許諾を得てください。また、本書を代行業者等の第三者に依頼してスキャンやデジタル化することは、たとえ個人や家庭内での利用であっても一切認められておりません。

© M. Endo 2017. Printed in JAPAN
ISBN 978 - 4 - 539 - 72537 - 5